부부를 위한

행복
플러스

5 Essentials for Lifelong Intimacy
by James Dobson

Originally published in English under the title:
5 Essentials for Lifelong Intimacy   by James C. Dobson
Copyright ⓒ2005 by James Dobson, Inc.
Published by Multnomah Publishers, Inc.
601 North Larch Street, Sisters, Oregon 97759 U.S.A.
All rights reserved.

All non-English Language rights are contracted through:
Gospel Literature International,
P.O.Box 4060, Ontario, CA 91761-1003, U.S.A.

Korean translation copyright ⓒ 2005 Timothy Publishing House
Kwan-Ak P.O. Box 16, Seoul, Korea.

이 책의 한국어판 저작권은 Multnomah Publishers Inc. 와의 독점 판권 계약에 의해
도서출판 디모데에 있습니다. 신저작권법에 의하여 한국 내에서 보호를 받는 저작물이므로
무단 전재와 무단 복제를 금합니다.

부부를 위한

행복 Plus 플러스

제임스 답슨 지음 | 박혜경 옮김

디모데
Timothy Publishing House

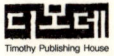

차례

추천의 글 _6

감사의 글 _8

머리글 _9

행복 하나 / 그리스도가 중심이신 가정을 만들라 _15

행복 둘 / 헌신적인 사랑을 가꾸라 _35

행복 셋 / 변함없는 신뢰를 세워나가라 _59

행복 넷 / 이해를 구하라 _77

행복 다섯 / 낭만을 되살리라 _101

마치는 글 _127

주 _142

추천의 글

　수학 문제를 잘 푸는 비결은 문제에 적합한 공식을 찾아내는 것이다. 숫자가 다르고 난이도가 높더라도 공식을 잘 대입하기만 하면, 시간이 조금 걸리더라도 결국은 정답을 찾아낼 수 있다.
　사람이나 부부 관계에서는 그런 정확한 공식을 찾아내는 것이 불가능해 보인다. 그것은 사람과의 관계가 그만큼 복잡하고 미묘하기 때문이다. 그러나 부부 관계에 있어서도 서로의 신뢰감을 더 깊게 해주고, 부부들만이 경험할 수 있는 특별한 친밀감을 만들어주는 보편적인 원리라는 것이 있다. 문제는 그 공식을 어디에서 추출하느냐, 누가 적용하느냐, 어떻게 선용하느냐에 따라 결과가 판이하게 달라진다는 점이다. 곧바로 사라져야 할 공해(公害) 공식이 될 수도 있고, 끝까지 포기하지 말고 적용해야 할 공익(公益) 공식이 될 수도 있다.

이 책에는 가정 사역의 대가라고 일컬어지는 제임스 답슨이 '성경' 속에서 찾아낸 다섯 가지 공식이 소개되어 있다. 이 공식들은 어느 몇 가정에서만 시험적으로 적용되는 것이 아니라 모든 기독교 가정 안에 보편적으로 흘러넘쳐야 할 기준과 같은 것들이다. 이것들이 모든 가정의 가훈과 같이 공통적으로 적용되기를 기대한다. 그렇게 된다면 불 같은 사랑으로 결혼 생활에 들어섰지만, 다 연소되고 흩어져버린 재처럼 사랑의 흔적만 남은 부부들에게 애정과 존경 그리고 행복의 강력 접착제가 보너스로 주어지게 될 것이다.

송길원 목사
하이패밀리, 행복 발전소 대표

감사의 글

이 책이 나오기까지 자료를 조사하고 수집하며 편집을 도와준 편집자 짐 런드(Jim Lund)에게 감사를 드립니다. 다시 한 번 그와 동역할 수 있어서 큰 기쁨이었습니다.

또한 이 책이 완성되기까지 모든 노력을 아끼지 않은 멀트노마(Multnomah) 출판사의 편집 팀 모든 분들에게 감사를 드립니다.

머리글

나네트(Nanette)와 폴(Paul)은 희망에 부풀어 결혼생활을 시작했다. 두 사람 모두 야외 활동을 즐겼는데, 특히 승마와 여행은 그 두 사람의 공통의 취미였다. 폴은 이미 중개업으로 성공한 사업가였기 때문에 그들 부부는 호숫가에 위치한 아름다운 집에서 신혼 살림을 시작할 수 있었다. 두 사람 모두 아이를 원하기는 했지만, 다른 무엇보다도 그들은 함께 있는 매 순간을 만끽했다. 둘은 영혼의 동반자였고 서로를 깊이 사랑했다. 그런 두 사람 사이에 문제가 생기리라고는 어느 누구도 상상할 수 없었다.

그러나 세월이 흐르면서 모든 것이 변하기 시작했다. 두 사람 사이에 두 딸이 태어났을 때, 그들은 말할 수 없이 기뻐했다. 그러나 자녀를 키우면서 예기치 못했던 어려움들이 두 사람의 관

계에 부담으로 다가오기 시작한 것이다. 게다가 폴의 사업마저 어려워지기 시작하자 폴은 점점 더 많은 시간을 사무실에서 보내야만 했다. 집과 새로 산 보트의 융자금과 늘어나기만 하는 아이들의 교육비를 감당하기 위해 결국 나네트도 치과에서 간호 보조원으로 일을 하기 시작했다. 두 사람은 함께하는 시간이 점점 줄어들었고 그나마 함께 보내는 시간에도 서로 으르렁거리기 일쑤였다.

그러던 중 어느 11월의 비 내리던 밤에 두 사람은 다른 때보다 더욱 격한 언쟁을 하게 되었다. 언쟁 가운데 나네트가 가장 두려워하던 일이 현실로 드러나게 되었다. 폴에게 다른 여자가 생긴 것이다. 눈물이 두 뺨을 적시며 흘러내리는 가운데 나네트는 한때 두 사람이 나누었던 친밀감을 떠올리며 반문했다. '우리의 결혼이 어쩌다가 이 지경까지 이르게 되었을까?' 한때는 낭만적인 소설의 주인공과도 같았던 두 사람의 관계가 산산조각이 난 것이다. 그로부터 채 1년이 지나지 않아 두 사람의 결혼은 결국 이혼 법정에서 끝이 나고 말았다.

나네트와 폴의 이야기는 요즘 흔히 듣게 되는 이야기다. 오늘날 미국에서는 열 쌍의 부부 중에 다섯 쌍의 부부들이 엄청난 갈등을 겪다가 결국 이혼 법정에서 결혼생활에 종지부를 찍고 있다. 비극적인 소식이 아닐 수 없다. 그렇다면 이혼하지 않고 사는 나머지 다섯 쌍의 부부들은 과연 행복할까? 그들의 결혼생활은 아름다운 석양을 향해 떠나는 행복에 겨운 항해라고 말할 수 있을까? 결코 그렇지 않다!

임상 심리학자인 닐 워렌(Neil Warren)에 따르면, 소위 '성공적인' 다섯 쌍의 부부는 평생을 함께하기는 하지만, 갖가지 불화를 안고 살아간다는 것이다. 라디오 프로그램인 〈포커스 온 더 패밀리(Focus on the Family)〉에 출연한 워렌 박사는 존 쿠버(John Cuber) 박사의 저서인 「의미심장한 미국인들(The Significant Americans)」의 연구 결과를 인용하며 다음과 같은 사실을 말했다. 쿠버 박사의 연구에 의하면, 어떤 부부들은 자녀들 때문에 억지로 결혼생활을 유지하기도 하고 또 어떤 부부들은 서로에게 무관심한 채로 지내기도 한다는 것이다. 놀라운 사실은 열 쌍의 부부 중에서 겨우 한두 쌍만이 결혼생활에서 '친밀감'에 이른다는 것이다.

쿠버 박사는 친밀감(intimacy)을 말로 설명하기 어려운 일종의 우정과 이해와 헌신의 신비한 결합이라고 정의한다. 이 친밀감은

별개의 독특한 개체인 한 남자와 한 여자가 성경에서 말하듯이 '한 몸', 즉 하나의 단일체로 결합할 때에 생긴다. 분명한 사실은 인간의 영혼은 이러한 종류의 무조건적인 사랑을 갈망하고 있다는 것이다. 특히 여성들은 이러한 친밀감을 얻지 못할 때 '영혼의 굶주림'과도 같은 증상을 경험하게 된다. 대부분의 부부들이 결혼에서 친밀감을 얻기를 기대하지만 무슨 연유인지 그 기대는 현실에서는 잘 이루어지지 않는다.

친밀감에 대한 영혼 깊은 갈망에도 불구하고 오늘날의 많은 커플과 부부들은 한편으로는 이 친밀감을 두려워하기도 한다. 그들은 자신들의 친구들과 부모들의 결혼이 실패로 끝나고 서로의 삶을 산산조각으로 망가뜨리는 것을 지켜보았다. 그런 경험을 한 사람들은 이제 거절당하고 버림받는 것에 대한 두려움에 사로잡혀 있는 것이다. 심지어 오늘날과 같은 현대 사회 가운데에서 과연 다른 사람과의 진정한 친밀감이 가능하기는 한지 의구심을 갖는 사람도 있다.

다행스러운 사실은 결혼한 부부란 그들이 함께하는 인생이라는 드라마에서 단순히 수동적인 피해자로만 존재하는 것은 아니라는 점이다. 그들은 인생의 폭풍에도 끄떡없는 견고하고 만족스러우며 친밀한 관계를 구축할 수도 있다. 이혼도, 생명력 없는 무기력한 결혼생활도 피할 수 있는 것이다. 40년이 넘는 결혼생활을 통해 그 축복을 경험한 나는 감히 단언할 수 있다. 기쁠 때나 슬플 때나, 건강할 때나 아플 때나, 부유할 때나 가난할 때나, 죽음이 갈라놓을 때까지 함께할 것을 약속한 누군가로부터 아주 오랜 세월 친밀하면서도 무조건적인 사랑을 받는 것보다 더 소중한 것은 없다는 것을 말이다. 결혼이라는 보호막 아래 맺은 영혼의 동반자 관계야말로 창조주 하나님의 지혜와 사랑을 담은 계획이며, 그것은 인간이 경험할 수 있는 가장 만족스러운 경험이기 때문이다.

배우자와 사랑으로 결합할 수 있도록 도와주는 여러 가지 방법들이 있지만, 다음에 나오는 다섯 가지 요소들이야말로 평생을 지속할 수 있는 친밀한 관계를 누리는 데 있어서 필수적인 조건이라고 할 수 있다. 앞으로 각 장에 나오는 지혜들을 하나씩 탐구해 나갈 때, 결혼생활에서 더욱 새롭고 깊이 있는 친밀감을 누릴 수 있도록 도와주는 신선한 영감을 발견하기를 기도한다.

행복 하나

그리스도가 **중심**이신 가정을 만들라

이 닦아 둔 것 외에 능히 다른 터를 닦아 둘 자가 없으니
이 터는 곧 예수 그리스도라.

고린도전서 3장 11절

몇 년 전에 서로 화목하게 살아온 부부들의 경험을 연구해보려는 노력의 일환으로 그런 부부들을 대상으로 설문 조사를 실시한 적이 있었다. 무려 6백 명 이상의 사람들이 30년, 혹은 40년, 혹은 50년 동안 성공적인 결혼생활을 꾸려나갈 수 있었던 비결이나 방법에 대해 솔직하게 이야기해주겠다고 동의했다. 그들은 각각의 질문에 대답해주었고 자신들이 추천하는 비결들도 꼼꼼하게 적어주었다. 우리는 그 설문의 결과를 주의 깊게 비교하며 분석했다. 그들이 제공한 비결들은 새로운 것은 아니었지만, 성공적인 결혼생활에 있어서 그것들이 중요한 출발점이라는 사실만큼은 분명했다. 어떤 일이든지 제대로 배우기를 원한다면 기초부터 쌓아 올리는 것이 정석이다. 그 첫 단계가 나머지 모든 것의 초석을 제공하기 때문이다.

그렇다면 우리의 노련한 전문가들이 성공적인 결혼생활을 영위할 수 있도록 도와주는 가장 중요한 열쇠로 꼽은 것은 과연 무엇이었을까? 일평생 지속되는 친밀감과 사랑을 보장해주는 가장 중요한 요소 말이다.

그 해답은 바로 그리스도가 중심에 계신 가정을 세우고 유지하는 것이었다.

예수 그리스도께 깊이 헌신된 부부들은 영적인 특성을 갖지 못한 가족에 비해 엄청나게 유리한 고지를 차지하게 된다는 것이다. 모든 것이 바로 그 기초에 달려 있다. 그리스도와 영적인 관계를 유지할 때만이 진정한 사랑을 경험할 수 있으며, 우리가 결혼이라 칭하는 관계가 줄 수 있는 모든 가능한 축복들을 누리기 시작하는 것이다.

언젠가 나는 다음과 같은 편지를 받은 적이 있다.

답슨 박사님께,

15년간의 결혼생활을 뒤로하고 얼마 전 제 남편이 저를 떠났습니다. 우리 두 사람은 육체적, 정서적, 지적으로 멋진 관계를 맺어왔지만 늘 무언가가 빠진 것 같은 기분이 들었습니다. 우리 둘 사이에는 영적인 결합이 없었던 것입니다.

부디 젊은 부부들에게 그리스도가 없다면 그들의 결혼에는 언제나 공허함만이 존재할 것이라는 사실을 말씀해주십시오. 훌륭한 결혼생활이란 그 기초를 그리스도께 두고 지속되는 사랑과 평강과 기쁨을 경험하는 것이라고요.

남편이 저를 떠난 후로부터 저는 하나님과의 관계를 새롭게 정립하려고 노력하고 있습니다. 비록 이제는 주님 안에서 성장하며 살고 있지만, 저는 혼자랍니다.

이 슬픈 편지 속에는 엄청난 진리의 메시지가 담겨 있다. 결국, 인류에게 주어진 가장 놀랍고도 오랜 선물 가운데 하나인 결혼을 만드신 이는 하나님이시라는 사실 말이다.

이 거룩한 계획은 에덴 동산에서 아담과 하와에게 계시되었다. 창세기 2장 24절은 그것을 이렇게 간결하게 기록하고 있다. "이러므로 남자가 부모를 떠나 그 아내와 연합하여 둘이 한 몸을 이룰지로다." 바로 이 간단한 문장 하나로 하나님은 가족 창단식을 거행하신 것이다. 인류 역사가 기록되기 시작한 후로 5천 년 동안, 이 땅의 모든 문명은 바로 그 기초 위에 세워졌다. 그러므로 주님을 의지하지 않은 채 사랑이 넘치는 친밀한 결혼생활을 할 수 있다고 기대하는 것은 그야말로 무모하기 짝이 없는 것이다.

그와는 달리 삶의 스트레스를 푸는 해결책을 성경에서 구하는 부부들은 신앙이 없는 부부들에 비해 분명히 유리하다. 그들이 사랑하는 성경이야말로 세상에서 가장 놀라운 교과서이기 때문이다. 성경은 천오백 년이라는 시간의 틈바구니에서 서른아홉 명이나 되는 기자들에 의해 세 종류의 언어로 기록되었다. 서로 다른 시간대의 영감을 받은 기자들이 함께 쓴 작품이라니 얼마나 놀라운 일인가!

> 주님을 의지하지 않고 사랑이 넘치는 친밀한 결혼생활을 할 수 있다고 기대하는 것은 그야말로 무모하기 짝이 없는 것이다.

이 시대에 두세 사람이 은행 강도를 목격했다 해도 한 사건에 대해 서로 다른 진술을 하기가 십상일 것이다. 인간의 지각 능력이란 그 정도로 완벽함과는 거리가 멀다. 그러나 서로 만난 적도 없는 서른아홉 명의 기자들이 나누어 기록한 66권의 책들은 다 모아놓았을 때 완벽한 연속성과 균형을 이루었던 것이다. 구약 성경을 한마디로 통틀어 요약하자면 '예수님이 오실 것이다'라는 메시지가 된다. 신약 성경은 '예수님이 여기에 오셨다!' 라는 메시지로 요약될 수 있다.

성경을 읽을 때면 우리에게는 하나님 아버지의 마음을 들여다볼 수 있는 창문이 하나 주어지는 셈이다. 이 얼마나 완벽한 교재인가! 무에서 시작해서 아름다운 산들과 강들과 구름과 귀여운 아기들을 창조하신 창조주께서 우리에게 가족이라는 내밀한 이야기를 주기로 작정하셨다. 하나님은 말씀을 통해서 우리에게 평화롭고 조화를 이루며 함께 살아가는 방법을 가르쳐주고 계셨다. 성경은 돈을 다루는 것에서부터 성적 태도에 이르기까지, 인생의 전반에 걸쳐서 우주의 왕이신 하나님이 친히 기록한 처방전을 담고 있다. 어느 누가 그 속에 담긴 진리를 무시할 수 있단 말인가.

그리스도인으로 살아가는 삶의 방식이 안정적인 결혼생활

을 누리게 해주는 까닭은 그러한 삶의 원칙과 가치관들이 저절로 조화를 이루기 때문이다. 그리스도의 가르침은 다른 사람들에게 나누어주는 삶, 자기 연단, 하나님의 명령에 대한 순종, 세상의 법에 대한 존중, 남편과 아내 사이의 사랑과 정절을 행동으로 옮길 것을 강조하고 있다. 그러므로 주님이 의도하신 바대로 결혼 생활을 영위하고 있다면 알코올 중독, 포르노 중독, 도박, 물질주의를 비롯해 관계에 해악을 가하는 다른 모든 행위들로부터 우리를 보호할 수 있게 되는 셈이다. 그리스도가 중심에 계신 관계가 결혼의 가장 든든한 기초가 된다는 사실은 결코 놀랄 일이 아니다.

구소련의 위대한 반체제 문인이었던 알렉산드르 솔제니친(Aleksandr Solzhenitsyn)은 언젠가 이런 글을 썼다. "20세기 전반의 중요한 변화를 한마디로 표현하라고 한다면 이 말보다 더 정확하고 간결한 표현을 찾기 힘들 것이다. '인간은 하나님을 잊어버렸다.'"

이 말이 부디 당신의 가정을 묘사하는 말이 되지 않기를 바란다.

끈질긴 **기도**

그리스도를 향한 헌신이 성공적인 결혼의 기초라면 부부가 함께 드리는 매일의 기도는 진정한 친밀감을 세우기 위한 안전한 피난처를 만들어 나가는 한 장의 벽돌과도 같다.

내 부모님의 경우 이 말은 분명한 사실이었다. 내게 똑같은 이름을 물려주신 우리 아버지는 일평생 목사이자 부흥 강사로 섬기셨다. 아버지는 종종 몇 시간 동안이나 무릎을 꿇고 하나님과 대화하시며 자신의 목회 사역뿐만 아니라 사랑하는 이들을 위해 기도하시곤 했다. 내가 어린 시절을 보낸 텍사스의 작은 동네에서 우리 아버지는 '구두의 앞 축에 가죽이 남아나지 않는 사람'으로 유명했다. 너무 오랜 시간 무릎을 꿇고 기도하셨기 때문에 구두 뒷창이 닳기 전에 앞 축이 먼저 나가곤 했던 것이다.

하지만 아버지는 홀로 기도하신 것은 아니었다. 그의 사랑하는 아내인 우리 어머니도 기도에 동참하셨다. 위기의 순간, 일상적인 순간에 그리고 나같이 말썽꾸러기 아들을 양육하는 데 있어서 도움이나 하나님의 지혜가 필요할 때면 언제나 정기적으로 아버지 곁에 무릎을 꿇으셨던 것이다. 두 분이 함께 기도하시던 모습은 아주 어린 나이였던 내게 아주 깊은 인상을 심어주었던 것 같다. 왜냐하면 겨우 한 살인 내가 두 분과 함께 기도하는 흉내를 내곤 했다는 이야기를 들었기 때문이다. 아직 말도 배우기 전에 하나님과 대화하는 두 분의 소리를 흉내 내려고 했다는 것이다.

예수 그리스도에 대한 부모님의 확고한 사랑은 두 분이 함께 드리는 매일의 기도를 통해 나날이 새로워졌을 것이다. 또한 그 기도가 서로를 향한 깊은 애정과 존경심을 더욱 굳건히 세워주었으리라고 확신한다. 끊임없는 두 분의 기도 생활이야말로 1977년 아버지가 이 세상을 떠나시던 날까지 43년 동안 두 분의 사랑을 결합시킨 접착제였던 것이다.

내 자신의 가정에서 나는 부모님의 본을 따르려고 노력해왔다. 아내 셜리(Shirley)와 나는 셀 수 없을 만큼 여러 번 하나님 앞에 무릎을 꿇고 감사를 드렸고, 도움을 간구했으며, 사랑을 표현했다. 바로 그것이 우리 둘의 관계를 측정할 수도 없을 정도로 굳건하게 만들어주었다. 기도는 우리가 함께 사는 삶을 견고하게 해준 힘이었다.

물론, 어떤 이들은 기도를 마치 점성술처럼 여긴다. 정체 불명의 '천상의 능력'을 경험하려는 시도로 기도를 사용하는 것이다. 한 친구는 아침 출근길에 도넛 가게를 지나갈 때마다 이런 기도를 한다고 농담처럼 말했다. "오늘 아침에 도넛을 먹는 것이 주님의 뜻이라면 이 구간을 한 바퀴 도는 동안 도넛 가게 앞에 주차할 공간이 생기게 해주세요." 기름진 도넛이 건강에 해롭다는 사실을 잘 알고 있지만 도넛을 무척이나 좋아하는 그 친구는 매일 아침 이렇게 기도를 하면서 주님께 도넛을 먹어도 되는지 허락해 달라고 졸랐다. 만일 주차할 공간이 생기지 않으면 한 바퀴를 더 돌면서 다시 같은 기도를 되풀이한다는 것이다.

아내와 나는 우리의 기도를 그보다는 훨씬 더 중요하게 생각했다. 기쁠 때나 슬플 때나, 걱정거리가 있을 때나 찬양을 할 때나, 우리는 하나님 아버지께 직고하는 특권을 즐겨왔다. 이 얼마나 멋진 특권인가! 하나님의 임재 속으로 들어가기 위해서 따로 약속을 할 필요도 없다. 하나님의 부하 직원을 통할 필요도 없고 비서에게 뇌물을 줄 필요도 없다. 하나님은 우리가 함께 그분 앞에 엎드릴 때마다 항상 그 자리에 계신다. 내 삶에서 가장 행복

했던 사건들은 주님과 함께하는 경건의 시간 가운데 일어났다.

오해하지 않기 바란다. 혼자서 드리는 기도, 친구와 함께 드리는 기도, 성경 공부 시간에 드리는 기도, 교회에서 드리는 기도, 이 모두가 하나님 아버지께는 똑같이 중요하고 소중하다. 하지만 남편과 아내가 하나님과 함께하는 기도에는 다른 형태의 기도에서는 발견할 수 없는 무언가 특별한 것이 있다. 그런 기도는 둘 사이에 힘과 안정성을 부여해주는 영적인 경험과 책임감과 거룩한 연합을 창조하기 때문이다. 부부가 함께 드리는 기도는 다른 순간에는 결코 말할 수 없는 민감한 사항들까지도 나눌 수 있게 해준다. 겸손의 영과 순수한 동기를 가지고 있을 때만이 논의하고 기도할 수 있는 그런 문제들 말이다.

> 남편과 아내가 하나님과 **함께하는** 기도에는 무언가 **특별한** 것이 있다.

이런 기도는 결혼을 소생시키는 힘이 있다. 오랫동안 무언가 불편함과 막연한 영적 불안을 겪어오던 복음성가 가수인 스티브 그린(Steve Green)은 1983년 자신의 마음을 주님께 기도로 쏟아낸 다음에 영적 부흥을 경험했다. 그보다 몇 주 전에 그의 아내 마리진(Marijean) 또한 같은 경험을 했다. 결혼 후 처음으로 두 사람은 주기적으로 함께 하나님과 대화하기 시작했다.

"우리 부부는 싸우지도 않았고 서로 잘 맞는 편이었어요. 함께 있는 것도 즐겼습니다. 그래서 나름대로는 행복한 결혼생활을 하고 있다고 생각했었죠." 스티브의 고백이었다. "그런데 우리가 영적으로 부흥을 경험한 후에 갑자기 우리는 가장 깊은 차원의 대화를 나누게 되었지요. 우리 둘을 붙잡고 함께 묶는 하나님의 영의 결속을 경험하게 된 것입니다. 우리 관계는 영적인 관계가 되었고 가만 있어도 흘러넘치게 되었답니다."

그들 부부에게 있어서 이런 관계의 축복을 여는 열쇠는 바로 끈질긴 기도 생활이었다.

예수님과의 **친밀감**

　오래전 어느 더운 8월의 밤, 셜리와 나는 파사데나(Pasadena) 에서 서로에게 헌신을 다짐했다. 그때 아버지가 우리를 위해 드렸던 기도는 우리가 결혼생활에서 소망하고 성취하기 바라는 모든 것을 가장 잘 보여주는 기도였다. 아버지와 외삼촌인 데이빗 샤프(David L. Sharp) 목사님이 공동으로 주례를 맡았던 그날 밤의 우리 결혼식에서 아버지는 다음과 같은 감동적인 기도를 드리셨다.

　　오 영원하신 하나님, 하나님 앞에 우리의 두 자녀 지미와 셜리가 섰습니다. 하나님은 당신의 자녀들인 두 사람을 사랑하셔서 그들을 돌보고 사랑하고 소중히 여기도록 우리에게 잠시 맡겨주셨습니다. 그들을 향한 우리의 애정으로 인해 그 사랑의 수고로웠던 기간이 너무나 짧게 느껴집니다. 하나님의 섭리 가운데 태어난 이들은 인생의 아침을 지나왔습니다. 정결하고 올바른 삶이었지만 서로 다른 독립된 지체로 살아온 삶이었습니다. 오늘 밤 우리는 이 두 사람을 하나님께 돌려드립니다. 더 이상 두 사람이 아닌 한 몸으로 말입니다. 이 순간에 하나 된 두 사람을 죽음 외에는 그 어떤 것도 갈라놓지 않게 하옵소서. 죽음이 이들을 갈라놓을 때까지 하나님의 놀라운 은혜가 온전히 이들의 삶 가운데 역사하게 하옵소서!

이들을 위해 간절히 기도하오니, 이들의 삶 가운데 하나님이 한 부분을 차지하는 것이 아니라, 확실한 주인이 되어주옵소서. 이들이 믿음을 가지는 것이 아니라, 믿음이 이들을 온전히 사로잡게 하여주옵소서. 물질주의로 만연한 이 세상 속에서 살아가는 동안, 이 땅의 일시적인 것을 위해 살게 마시고, 영적이며 영원한 것을 위해 살아가게 하옵소서.

이들이 함께하는 삶이 태양이 지나는 길처럼 능력으로 떠오르고 힘차게 나아가며, 온전한 낮에 이르기까지 나날이 더 빛을 발하게 하옵소서. 이들의 삶의 끝이 일몰을 닮게 하셔서 영광 속에 바다로 들어가며, 이 땅에서의 삶보다 더 나은 천상의 세계에서 꺼지지 않고 빛나게 하옵소서.

성부와 성자와 성령의 이름으로 기도합니다. 아멘.

결혼의 목적에 관한 이 얼마나 멋진 묘사인가? 한 남자와 한 여자가 하나님의 은혜로 영원히 '한 몸'으로 결합하여 하나님이 주시는 가장 좋은 것을 성취하기 위해 거룩한 노력을 함께 해나가는 것이 바로 결혼이다. 이런 결혼이야말로 태양처럼 빛나며, 주를 향한 사랑과 온전히 실현되는 믿음과 영원한 약속 위에 세워지는 것이다.

당신과 당신의 배우자가 진심으로 결혼을 향한 하나님의 최선, 즉 진실된 사랑과 진정한 친밀감으로 맺어지는 관계를 경험하기를 원한다면, 하나님 앞에서 자신의 모습을 직시할 필요가 있다. 성경은 인간은 모두 죄성을 가진 존재로 태어났다고 말씀하고 있다(롬 3:23). 이러한 죄성은 우리가 혼자 살아가든 부부로 살아가든 간에 하나님의 방법을 따라 살지 못하도록 우리를 방해한다. 실제로 해결되지 않은 죄의 문제는 성공적인 결혼을 유지하려는 확고한 노력마저도 좌절시킬 것이다. 왜냐하면 죄의 필연적인 결과는 자신의 충동에 굴복하고, 궁극적으로는 사망에 이르는 것이기 때문이다(롬 6:23).

그러나 여기 놀라운 대안이 있다! 예수 그리스도가 십자가에 달려 돌아가심으로 우리의 죄 값을 대신 치르신 것이다. 또한 그리스도의 부활의 기적을 통해서 우리는 영원히 멸망할 운명에서 구원받았다. 믿음으로 이 새 생명의 선물을 거저 받을 수 있게 되었다. 예수님은 복음을 이렇게 설명하셨다. "하나님이 세상을 이처럼 사랑하사 독생자를 주셨으니 이는 저를 믿는 자마다 멸망치 않고 영생을 얻게 하려 하심이니라"(요 3:16).

구원을 받는 방법은 진실로 간단하다. 당신의 죄를 고백하고 예수 그리스도를 믿는 믿음으로 구원의 선물을 받아들이면, 용서받을 뿐만 아니라 영생을 하나님의 선물로 받게 되는 것이다.

예수님은 당신을 사랑하시며 당신과 교제하기를 원하신다. 그리스도 앞에 무릎을 꿇고 기도로 그분과 함께 시간을 보내면, 그리스도에게 더욱 가까이 다가가게 되며 하늘은 당신으로 인해 기뻐하게 된다. 만일 당신이 예수님과 이러한 종류의 관계를 맺고 있지 않다면, 오늘 밤 다음의 기도를 드릴 것을 권한다. 친밀한 결혼생활은 주님과 친밀한 관계를 맺는 것으로부터 시작된다. 누구든지 예수님을 자신의 가슴속에 모셔들이는 바로 그 순간, 진정한 삶이 시작된다!

하나님, 저는 당신이 필요한 죄인입니다. 제 힘으로는 올바로 살 수도 없고 영생을 소망할 수도 없습니다. 저의 죄를 용서하여주옵소서. 예수 그리스도는 하나님의 독생자이심을 믿습니다. 하나님이 예수님을 보내셔서 저를 대신하여 죽게 하시고 저를 죄에서 해방시켰음을 믿습니다. 감사합니다!
아멘.

그리스도가 중심이신 가정을 만들라

- 당신과 당신의 배우자 둘 다 하나님의 구원의 선물을 받았는가? 만일 그렇지 않다면 그러한 선택을 하지 못하도록 방해하는 것은 무엇인가? 어떻게 그것을 극복할 수 있겠는가?

- 당신의 배우자와 함께 드렸던 가장 최근의 의미 있는 기도 시간은 언제였는가? 만일 그런 시간을 갖고 있지 않다면 다음 두 주 동안 매일 함께 기도드릴 것을 계획하라. 그런 후 주님과의 관계에서, 또 서로와의 관계에서 어떠한 변화가 생겼는지 이야기해 보라.

- 당신과 당신의 배우자는 어떻게 하면 하나님의 말씀을 읽는 데 더 많은 시간을 할애할 수 있겠는가? 도움이 되는 방법을 적어 보고 함께 나누어보라.

행복 둘

헌신적인 사랑을 가꾸라

이제 둘이 아니요 한 몸이니 그러므로 하나님이 짝지어 주신 것을
사람이 나누지 못할지니라.

마태복음 19장 6절

앞서 말한 6백 명에 이르는 결혼 '전문가'에게로 다시 돌아가보자. 그들이 성공적인 결혼생활에서 가장 중요한 요소로 꼽은 것이 그리스도가 중심이신 가정이었다면 두 번째는 과연 무엇이었을까?

그것은 기본으로 돌아가는 또 다른 개념으로 바로 헌신적인 사랑이었다. 그들은 결혼에 대한 헌신도가 약하면 그 결혼은 대개 이혼으로 이어진다는 사실을 알고 있을 정도로 오랜 기간 결혼생활을 해온 부부들이다. 설문의 한 응답자는 이렇게 대답했다.

결혼은 마법에 걸린 요정들이 나오는 동화가 아닙니다. 그럼에도 불구하고 노력하고 끝까지 인내하면 이 험한 세상 한가운데에서 사랑의 오아시스를 만들어낼 수도 있는 것이 바로 결혼입니다.

어떤 사람은 또 이렇게 대답했다.

완벽한 결혼이란 존재하지 않습니다. 신혼 몇 년 동안은 마치 초보 운전자가 조심스럽게 운전하는 법을 배워나가듯이 서로 맞지 않는 점들을 조율해 나가야 합니다. 끊임없는 노력이 필요한 일이죠.

위의 의견들을 종합해보면 결혼이 특별히 낭만적인 것으로 여겨지지는 않는다. 그렇지 않은가? 하지만 이 말 속에는 경험에서 우러나온 지혜가 담겨 있다. 두 사람이 서로 사랑하며 그리스도인이라고 해서 반드시 서로 잘 맞는 것은 아니다. 많은 젊은이들은 그들의 연애 기간을 장식한 햇살과 꽃들이 평생 동안 계속될 것이라고 착각한다. 하지만 속지 말라! 독특하고 강한 의지를 가진 서로 다른 두 사람이 기계 부속품처럼 잘 맞기를 기대하는 것 자체가 천진난만한 생각이다. 심지어 톱니바퀴를 돌릴 경우에도 잘 맞지 않는 톱니가 있다. 그것들이 잘 돌아가기까지는 꾸준한 손질이 필요하다.

결혼생활에 있어서 신혼 몇 년 동안이 바로 이런 톱니를 손질하는 시기다. 이 시기에 주로 발생하는 어려움은 관계에서 힘의 우위를 선점하기 위한 극적인 갈등 때문에 생긴다. 누가 리더가 되고 누가 따르는 사람이 될 것인가? 재정에 관한 주도권을 누가 쥘 것인가? 의견의 일치를 보지 못할 때에는 누구 뜻대로 할 것인가? 신혼 때는 이 모든 것이 결정되지 않은 상태이기 때문에 이 시기에 내리는 결정들이 훗날을 위한 초석이 되는 셈이다.

> 만일 두 사람이 싸울 준비를 한 채로 관계를 시작하면 그 집의 기초는 무너지기 시작할 것이다.

바로 여기에 위험이 도사리고 있다. 에이브러햄 링컨(Abraham Lincoln)은 예수님의 말씀을 인용하여 이렇게 말했다. "만일 집이 스스로 분쟁하면 그 집은 설 수 없다"(막 3:25). 만일 두 사람이 싸울 준비를 한 채로 관계를 시작하면 그 집의 기초는 무너지기 시작할 것이다. 사도 바울은 결혼 관계뿐만이 아니라 모든 차원의 인간관계에 관한 거룩한 관점을 다음과 같이 제시해주었다. "아무 일에든지 다툼이나 허영으로 하지 말고 오직 겸손한 마음으로 각각 자기보다 남을 낫게 여기고"(빌 2:3).

이 한 구절 속에 대부분의 결혼 지침서들을 다 합친 것보다도 더 큰 지혜가 담겨 있다. 이 말씀을 지킬 수만 있다면 인간이 경험하는 모든 항목 중에서 이혼이라는 항목을 사실상 삭제할 수도 있다. 매년 미국에서 백만 쌍이 넘는 부부가 헤어진다는 사실을 감안할 때 그것은 결코 적지 않은 성과다.[1] 그들과는 달리 만족스러운 결혼생활을 꾸려가기를 바란다면 신혼의 시기에도, 중년의 시기에도, 노년의 시기에도 이 구절을 당신의 결혼생활에 대한 지침으로 삼으라.

고통 이겨내기

이타적이며 무조건적인 헌신에 대한 최고의 본보기를 꼽으라면 나는 서슴지 않고 로버트슨 맥퀼킨(Robertson McQuilkin)을 추천

할 것이다. 그는 「서약을 지키다(A Promise Kept)」라는 자신의 책에서 20년이 넘는 세월 동안 사우스 캐롤라이나(South Carolina) 주에 있는 유명한 신학대학원과 성경 학교의 총장으로서 어떻게 섬겨 왔는지를 이야기했다. 그의 아내 뮤리엘(Muriel)은 여러 가지 면에서 그를 훌륭하게 내조했다. 대학을 방문하는 손님들을 그들의 집으로 초대할 때마다 그녀는 훌륭한 요리사이자 안주인의 역할을 감당해냈다. 두 사람은 정말 멋진 사역 팀이었다.

그러다가 뮤리엘의 건강이 악화되었다. 검사 결과 의사의 예상이 들어맞았다. 뮤리엘은 알츠하이머(Alzheimer) 병에 걸린 것이다. 점차로 뮤리엘의 증세는 악화되었다. 로버트슨은 아내를 먹이고 씻기고 옷을 갈아입히는 것과 같은 그녀를 돌보는 일에 점점 더 많은 시간을 투자해야 했다.

뮤리엘을 돌봐야 하는 시간은 늘어만 가고 대학에서 자신이 맡은 책무는 변함없이 많았다. 로버트슨은 어려운 결단의 순간에 직면하게 되었다. 아내 뮤리엘을 전문 요양 기관에 맡겨야 할까? 그는 자신의 일을 사랑했고 대학 총장으로 섬기는 자리에 하나님이 자신을 부르셨다는 사실을 확신했다. 그럼에도 불구하고 그는 자신의 인생에서 하나님을 최우선 순위에 놓는다는 것은 '하나님이 주시는 모든 책임이 가장 우선이 되는 것'을 의미한다는 사실 또한 알고 있었다. 오래전에 로버트슨은 주님 앞에서 뮤리엘을 사랑하고 아끼며 돌볼 것을 약속했었다. 그리고 하나님은 자신이 그 약속을 계속해서 지킬 것을 기대하신다는 사실을 알았다. 결과적으로 그의 결정은 별로 어려운 것이 아니었다. 로버트슨은 뮤리엘을 더 잘 돌보기 위해 대학 총장 직위에서 물러났다. 이제는 자신이 겸손히 아내를 섬길 차례였다.[2]

오늘날의 수많은 사람들과는 달리 로버트슨 맥퀼킨은 헌신의 의미를 분명하게 이해하고 있었다. 아내의 몸과 마음이 아무런 희망도 없이 악화일로를 치닫게 되자, 그는 자신이 그토록 좋아하며 열심히 세워왔던 일과 사역을 기꺼이 포기했던 것이다. 뮤리엘이 자신을 필요로 했기에 그녀의 곁에 있어주기로 결단한 것이다. 비록 아내로부터 아무런 보상을 받을 수 없을지라도 말이다. 심지어 "고마워요"라는 한 마디의 말조차 들을 수 없을지라도. 이런 비장함과 슬픔을 총 망라한 것이 바로 진정한 사랑이다.

우리가 이 땅에 사는 동안 확실한 것은 거의 없지만, 한 가지 분명한 사실은 우리 역시 맥퀼킨 부부처럼 인생길에서 고난과 어려움을 경험하게 되리라는 것이다. 상처가 없는 사람은 없다. 우리는 모두 혹독한 인생의 시련을 경험하게 될 것이다. 젊은 시절에 그런 연단을 경험하지 못했다면 생의 마지막 나날에라도 그런 순간이 찾아올 것이다. 예수님은 제자들에게 이 피할 수 없는 사실에 대해 다음과 같이 말씀하셨다. "세상에서는 너희가 환난을 당하나 담대하라 내가 세상을 이기었노라"(요 16:33).

우리 교회 목사님은 그 구절을 이렇게 해석하셨다. "이 세상에는 두 종류의 사람들이 있습니다. 현재 고통을 당하고 있는 사람과 앞으로 고통을 겪을 사람 말입니다."

리차드 셀저(Richard Selzer) 박사는 「죽음이 주는 교훈(Mortal Lessons)」과 「젊은 의사에게 보내는 편지(Letters to a Young Doctor)」를 포함하여 여러 권의 훌륭한 책을 저술한 외과의사다. 이 책들 초반부에서 그는 삶을 엄습하는 '공포'의 경험에 대해 묘사하고 있다. 그에 따르면 우리가 어릴 적에는 우리 몸 자체가 박테리아 감염으로부터 스스로를 보호하는 항체를 만들어낸다. 아주 미세한

생물체들이 우리 주위에 맴돌고 있음에도 불구하고 우리 몸의 방어체계가 잠시나마 그들을 효과적으로 방어하는 것이다. 마찬가지로, 마치 뚫리지 않는 보호막에 둘러싸인 것처럼 공포로 가득한 세상에서도 우리는 상처받지 않고 매일 살아간다. 그래서 젊고 건강한 시절에는 어려움의 가능성조차 인식하지 못하고 살아가는지도 모른다. 하지만 어느 날 아무런 사전 경고도 없이 그 얇은 보호막이 찢어지면 두려움이 우리의 삶 가운데로 스며드는 것이다. 그 순간까지는 불행은 늘 내 것이 아닌 다른 사람의 몫이었고 다른 사람의 비극이었다. 보호막이 찢어지는 경험은 파괴적인 것으로, 특별히 고난의 시기에 예수님이 주시는 '기쁨의 격려'를 알지 못하는 사람들에게는 더욱 그렇다.

    규모가 큰 의과대학의 교수로서 14년을 근무한 나는 두려움이 보호막을 막 뚫기 시작하는 시점에 있는 부부들을 여러 차례 지켜보았다. 거의 대부분의 부부들은 자신들의 삶 속에 밀어닥친 새로운 어려움 때문에 관계가 산산이 부서지는 경험을 했다. 예를 들어, 정신 지체아의 부모들은 종종 자신들이 직면한 비극의 탓을 상대방에게 돌리기 십상이었다. 사랑과 확신으로 서로 연합하기는커녕 서로에 대한 비난의 포문을 열어 오히려 슬픔을 가중시켰다. 나는 그들의 인간적인 연약함을 비난하고 있는 것이 아니다. 사실 그들을 불쌍히 여기고 있다. 보호막이 찢어지기 전까지는 인식하지 못했지만, 그들의 관계 속에는 무언가 기본적인 요소가 빠져 있었던 것이다. 그것은 바로 헌신이라는 가장 기초가 되는 요소였다.

오래전에 나는 프란시스 쉐퍼(Francis Schaeffer) 박사가 이 주제로 강연하는 것을 들은 적이 있다. 그는 1-2세기에 로마인들에 의해 세워진 유럽의 다리들에 관한 설명을 했다. 그 다리들은 강화 벽돌이나 시멘트 반죽을 사용하지도 않았지만 오늘날까지 끄떡없이 서 있다. 오늘날의 무거운 트럭과 장비들이 길거리를 질주하는데도 그 다리들이 무너지지 않은 이유가 무엇이었을까? 그 까닭은 그 다리들은 사람들이 걸어다니는 용도로만 사용이 제한되었기 때문이다. 만일 바퀴가 18개씩이나 달린 큰 트럭들이 그 역사적인 구조물 위를 달리도록 허용되었다면 그 다리들은 엄청난 먼지를 내며 산산조각으로 무너져 내렸을 것이다.

무슨 일이 있더라도 끝까지 함께하리라는 강철 같은 결단이 없는 결혼은 마치 그 연약한 로마 시대의 다리들과 같다. 보기에는 안전하고 끄떡없는 것같이 보이지만, 그것은 어디까지나 그들의 삶에 심각한 어려움이 찾아오기 전까지만이다. 이음새가 벌어지고 기초가 흔들리는 순간이 닥치면 무너지게 될 것이다. 내가 보기에는 오늘날 대다수 젊은 부부들의 결혼은 이처럼 외부에서 약간의 압력만 가해져도 아주 쉽게 무너져 내릴 상황에 처해 있다. 그들의 관계는 앞으로 다가올 무거운 시련을 견디지 못하는 약한 진흙으로 세워졌다. 함께 이겨 나가겠다는 결단이 그 관계 속에는 없다.

그렇다면 예상치 못한 위기가 당신의 가정을 덮쳐올 때, 혹은 당신의 결혼이 지지부진하고 생명력을 상실했을때 어떻게 해야 할 것인가? 그저 두 손을 들고 포기할 것인가? 토라지고 울면서 보복할 방법을 모색할 것인가? 아니면 헌신을 더욱 굳건히 할 것인가? 사탄이 낙심이라는 포승줄로 당신의 목을 조일 기회를 갖기 전에 이 질문들에 대한 대답을 할 수 있어야만 한다. 바로 지금 말이다. 턱을 꼿꼿이 세우고 주먹을 불끈 쥐라. 죽음을 제외하고는 다른 어떤 것도 당신과 당신의 배우자 사이를 갈라놓지 못하게 하라. 그 어떤 것도!

감정: 절대로 믿어서는 안 되는 것

어떠한 결혼에 있어서도 너무나 중요한 성공의 요소인 사랑의 헌신은 인생의 가장 비극적인 순간뿐만 아니라, 관계를 갉아먹고 소진시키는 매일매일의 좌절의 순간에도 필요하다. 일상적으로 겪는 사소한 갈등 요소들도 시간이 지나 쌓이게 되면 비극적인 사건들보다 관계에 더 치명적인 존재가 될 수 있기 때문이다. 사실, 아무리 사이가 좋은 부부간이라 해도 서로를 그다지 좋아할 수 없을 때가 있다. 심지어 자신의 배우자를 다시는 사랑할 수 없을 것 같다고 느낄 때도 있다.

여기서 문제는 바로 감정(feel)이라는 단어에 있다. 사랑의 감정이란 너무 가변적인 존재라 관계를 오랫동안 지속하는 힘이 되지 못한다. 감정은 있다가도 사라진다. 감정은 마치 못이 박힌 자동차 타이어와 비슷하다. 타이어에 공기가 빠지면 차에 타고 있는 모든 사람들은 온몸으로 울퉁불퉁한 길을 경험하게 되는 것이다.

> 사랑의 감정이란 너무 가변적인 존재라 관계를 오랫동안 지속하는 힘이 되지 못한다.

이처럼 변덕스러운 감정을 생각하면 어느 젊은 변호사의 결혼식에 관한 우스갯소리가 떠오른다. 결혼 서약을 낭독하는 순간이 되어 주례 목사님이 이렇게 물었다. "이 여인을 아내로 맞아 기쁠 때나 슬플 때나 부유할 때나 가난할 때나 병들 때나 건강할 때에도 사랑할 것을 서약합니까?"

신랑의 답변에 그 목사님은 기절초풍을 했다고 한다. 그는 이렇게 대답한 것이다. "예. 아니오. 예. 아니오. 아니오. 마지막 질문에는 예입니다."

실제로 있었던 어느 결혼식에서는 신랑 신부가 자신들이 계속 서로 사랑하는 한 결혼생활을 유지하겠노라는 서약을 했다고 한다. 두 사람은 탁월한 이혼 변호사를 미리 준비해두는 편이 좋을 것이다. 왜냐하면 그 부부에게는 곧 이혼 변호사가 필요할 것이기 때문이다. 감정에 기반을 둔 관계는 일시적일 수밖에 없다. 사실, 감정은 상습적인 거짓말쟁이로, 증거가 없는데도 우리의 최악의 두려움을 기정사실로 만들기도 한다. 젊고 용감한 사람조차 고삐 풀려 날뛰는 감정의 속임수에 속아 넘어갈 수 있다.

지금 나는 인간관계에서 작용하는 감정의 중요성을 부정하고 있는 것은 아니다. 감정을 느끼지 못하도록 자신을 꼭꼭 닫아 걸은 사람들은 사실 매우 건강하지 못한 사람들이다. 하지만 감정이란 결코 신뢰할 대상이 되지 못하며 때로는 폭군과도 같다는 사실을 반드시 기억해야 한다. 결코 감정이 우리를 지배하게 해서는 안 된다.

이 원칙은 보통 초대교회 이래로 지켜져왔다. 바울은 고린도후서 10장 5절에서 이렇게 말한다. "모든 생각을 사로잡아 그리스도에게 복종케 하니." 아주 분명한 말씀이 아닌가. 또한 갈라디아서 5장 22절을 살펴보자. "오직 성령의 열매는 사랑과 희락과 화평과 오래 참음과 자비와 양선과 충성과 온유와 절제니." 성령의 열매라고 불리는 덕목 중에 가장 마지막에 기록된 것이 바로 절제의 실천이다.

감정적으로 성장했으며 영적으로 성숙했다는 증거 가운데 하나는 충동적인 감정을 다스리고 이성으로 자신의 행동을 제어하는 능력과 자발성이라고 할 수 있다. 바로 이 절제력이 있어야 도망가고 싶을 때에 그 생각을 누르고, 소리지르고 싶을 때에 혀를 통제하며, 돈을 마구 쓰고 싶을 때에 절제하고, 바람을 피우고 싶을 때에 정절을 유지하며, 자신의 행복보다 배우자의 행복을 더 우선할 수 있게 되는 것이다. 이런 자질들은 한쪽으로 치우치고 변덕스러우며 신뢰할 수 없는 감정이 주도권을 잡도록 내버려 둘 때에는 결코 얻을 수 없는 것들이다. 관계에 있어서 감정이 중요하다는 것은 두말할 필요가 없지만, 반드시 의지와 평생에 걸친 헌신이 뒷받침되어야 한다.

언젠가 나는 결혼 기념일에 이런 편지를 써서 내 생각을 아내에게 전달한 적이 있다.

우리의 여덟 번째 결혼 기념일에 내 사랑하는 아내 셜리에게,

8년간에 걸친 우리의 결혼생활에서 사랑과 애정에 벅찼던 때와 서로를 향한 우리의 감정이 주체할 수 없었던 때가 얼마나 많았는지 당신도 기억하리라 믿소. 그토록 격렬한 감정은 저절로 생겼다기보다는 종종 특별한 행복의 순간에 동반되었던 것 같소. 내가 교수직을 처음으로 제안받던 날, 헌팅턴(Huntington) 병원의 산부인과 병동에서 세상에서 가장 소중한 아기를 안고 집으로 데려오던 날, 남 캘리포니아 대학(University of Southern California)에서 박사 학위를 받던 날, 우리는 그런 감정들을 함께 나누었던 것 같소. 하지만 감정이란 참으로 이상한 존재임에 분명하오! 그와는 정반대로 위협과 재난의 가능성들이 우리 삶에 들이닥쳤을 때에도 우리는 그와 같은 친밀감을 서로 나누었으니까 말이오. 건강 문제로 우리의 결혼 계획을 뒤로 미루어야만 했을 때, 작년에 당신이 입원해야 했을 때, 자동차 사고로 의식을 잃고 누운 당신의 몸 위에 무릎을 꿇었을 때, 나는 동일하게 격렬한 감정을 느꼈다오. 내가 말하고 싶은 점은 이것이오. 행복할 때도 어려울 때도 우리

는 동일하게 사랑하는 사람들을 향한 주체할 수 없는 감사와 애정을 느낀다는 것 말이오. 사실 인생의 대부분의 시간을 채우는 것은 재난이나 예상치 못한 기쁨의 순간이 아니라, 우리가 살아가는 매일의 조용하고 일상적인 사건들이 아니겠소. 이 모든 일상의 시간 속에서 나는 특별한 순간을 초월하는 고요하면서도 평온한 사랑을 많은 면에서 즐긴다오. 어쩌면 특별한 순간만큼 열정적이지는 않을지 몰라도 그 감정은 깊고 확고한 것이라오. 나는 우리의 여덟 번째 결혼 기념일을 맞아 내가 그러한 사랑을 하고 있음을 발견하게 된다오. 오늘 내가 느끼는 것은 헌신한 마음에서 나오는 견고하면서도 고요한 애정이라오. 이전보다도 더욱 나는 당신과 당신의 행복을 위해 헌신되어 있다오. 나는 영원히 당신의 '사랑'으로 남기 원하오.

어떤 일들이 우리 둘을 감정적이 되도록 몰아갈 때, 우리는 전율과 낭만적인 흥분을 즐기게 될 것이오. 그러나 오늘처럼 평온하고 일상적인 삶을 살아갈 때에도 내 사랑은 결코 사그러들지 않을 것이오.

내 사랑하는 아내의 결혼 기념일을 축하하며,

당신의 남편으로부터

"서약합니다"

사랑은 무수히 여러 가지 방식으로 묘사할 수 있지만 결혼에서 "당신을 사랑합니다"라는 말의 진정한 의미는 "내가 살아 있는 한 당신 곁에 있을 것을 서약합니다"라는 뜻이다. 그것은 또한 "당신이 실직당할 때나, 건강과 부모와 용모와 자신감을 잃어 버릴 때 그리고 친구들이 당신을 버릴 때에도 나는 당신 곁을 지킬 것입니다"라는 의미다. 그것은 "내가 당신을 일으켜 세울 것이며, 당신의 약점에는 눈을 감고, 당신의 실수를 용서할 것이며 당신의 필요를 내 자신의 것보다 더 중요하게 생각하고 시련이 닥칠 지라도 당신 곁을 지킬 것입니다"라는 배우자를 향한 약속이다.

이러한 약속이야말로 인생의 굴곡을 지나면서 '기쁠 때나 슬플 때나' 만나게 되는 모든 상황들을 견디게 해주는 힘이 될 것이다. 당신이 '사랑합니다'의 약속을 이행한다면 그것은 성경에 나오는 주님의 명령을 완성하는 것이다. "오직 너희 말은 옳다 옳다, 아니라 아니라 하라"(마 5:37).

> "당신을 사랑합니다"라는 말의 진정한 의미는 "내가 살아 있는 한 당신 곁에 있을 것을 서약합니다"라는 뜻이다.

우리 하나님 아버지는 자신이 약속을 지키는 분이심을 역사를 통해서 보여주셨다. 거기에는 자기를 따르는 자들을 위해서 천국에 영원한 처소를 예비해두셨다는 가장 중요한 약속이 포함되어 있다. 하나님이 약속을 지키는 분이시기 때문에 우리도 약속을 지켜야 한다. 특히 하나님과 가족들과 친구들과 교회 앞에서 결혼식 날에 한 약속이라면 두말할 필요도 없다.

한 여인에게 이러한 헌신을 다짐한 어느 남자의 말에 빠져

보기 바란다. 이 말은 지금으로부터 70년 전에 우리 아버지가 자신의 약혼녀였던 우리 어머니에게 결혼을 승낙받은 직후에 하신 말씀이다.

우리가 함께하려는 결혼 서약에 관해 내가 어떻게 느끼는지를 당신이 이해하고 온전히 알기를 바랍니다. 어머니의 무릎에서부터 나는 하나님의 말씀과 더불어 결혼 서약이란 결코 깨뜨릴 수 없는 신성한 언약이라는 것을 배워왔습니다. 그리고 그 순간, 내 자신은 영원히 그리고 전적으로 그 서약에 묶이게 된다는 것도 배웠습니다. 어떠한 경우라도 (비록 하나님이 간음이라는 한 가지 조건을 예외로 두셨지만) 당신과 헤어진다는 것은 결단코 꿈에서라도 일어날 수 없는 일입니다. 나는 결혼에 대해 그저 순진한 환상을 품고 있는 것은 아닙니다. 지금은 그럴 가능성이 희박해 보이지만 우리가 서로 맞지 않거나, 혹은 예견할 수 없는 상황들 때문에 극심한 마음의 고통을 받을 수도 있음을 잘 알고 있습니다. 그러나 그러한 상황이 닥쳐온다고 해도 나는 내가 지금 내리는 헌신의 결과를 받아들일 것입니다. 만약 그래야만 한다면 우리가 함께하는 마지막 날까지 견뎌낼 것입니다.

지금까지는 당신을 내 연인으로 사랑했지만, 앞으로는 내 아내로서 계속 사랑할 것입니다. 하지만 다른 어떤 것보다도 그리스도의 사랑으로 당신을 사랑할 것입니다. 우리 두 사람의 삶의 궁극적인 목표인 천국에 들어가는 것을 방해하는 어떠한 행동도 하지 않을 것입니다. 하나님이 서로를 향한 우리의 애정을 온전하고 영원하게 만들어주시기를 기도합니다.

우리 부모님은 1935년 시작해서 1977년 아버지가 돌아가실 때까지 서로 사랑하고 헌신하는 만족스러운 결혼생활의 본을 보여주셨다. 그 긴긴 세월 동안 단 한 순간도 흔들린 적이 없으셨다. 그와 같은 결단으로 결혼에 임한다면 당신도 평생 지속될 견고하고 충만한 관계를 세울 수 있을 것이다.

서로를 향한 헌신은 단지 결혼생활을 오래 유지하는 것, 그 이상의 것을 이루게 해준다. 그러한 헌신은 어떠한 관계에서나 요구되는 진정한 친밀감을 쌓는 데 필요한 신뢰의 기초를 세워준다. 이 신뢰에 관해서는 다음 장에서 다룰 것이다.

헌신적인 사랑을 가꾸라

- 배우자와의 관계에서 감정은 어떤 역할을 하는가? 함께 이에 관해 이야기해보고, 순간의 감정에 관계없이 서로를 향한 흔들리지 않는 헌신을 다시 한 번 다짐해보라.

- 어려움을 당해서도 견고한 결혼생활을 하는 부부를 떠올려보라. 그들에게 "그런 결혼생활을 할 수 있는 비결은 무엇입니까?"라고 질문해보라. 그들이 말하는 비결을 당신의 결혼에도 적용할 수 있는지 살펴보라.

- 우리 아버지가 자신의 약혼녀에게 했던 말을 다시 잘 읽어보라. 당신의 배우자와 서로를 향한 평생의 헌신을 글로 다시 한 번 다짐해보는 시간을 가져보라.

행복 셋

변함없는 신뢰를 세워나가라

사랑은… 모든 것을 믿으며.

고린도전서 13장 6-7절

어떤 관계가 시작될 때, 특별히 그 관계가 결혼일 때에, 우리 각자는 매일 이런 중요한 질문에 직면하게 된다. '내가 과연 이 사람을 신뢰하고 있는가?' 어쩌면 자신이 늘 그 질문에 직면하고 있다는 사실조차 인식하지 못할지도 모른다. 그러나 그렇다 하더라도 그 질문에 대한 대답에 따라 궁극적으로 상대방과 자신이 누리는 친밀감의 정도가 결정된다. 두려움과 불안이 지배하는 관계는 결코 성장하지 못한다. 그러나 신뢰와 안정에 기초한 결혼은 풍성한 열매를 맺게 될 것이다.

대부분의 사람들은 언제든 한 번쯤은 배우자의 헌신도에 대해 염려를 하게 된다. 그 염려가 실제로 관계를 위협하는 대상이 존재하기 때문이든지, 아니면 우리 자신의 불안감이나 상상으로 인한 것이든지 말이다. 그리스도인으로서 우리는 주님은 절대적으로 신뢰할 수 있는 분임을 안다. 하지만 우리의 배우자에게도 그처럼 절대적이고 의심 한 점 없는 신뢰를 보낼 수 있을 것인가? 아마도 그렇게 하기는 쉽지 않을 것이다. 신뢰는 세월이 쌓이고 말과 행동이 쌓여가면서 얻어지는 것이기 때문이다.

말로 신뢰 쌓기

당신은 남편이나 아내를 놀리는 것을 즐기는가? 친구들과 같이 있을 때에 때때로 남편이나 아내가 부끄럽게 여기는 비밀을 폭로할 때가 있는가?

신뢰를 쌓는 한 가지 방법은 우리가 사랑하는 사람을 상처 입히거나 부끄럽게 만들지 않도록 매우 조심하는 것이다. 지극히 사적인 어떤 내용에 관해서는 비밀을 지켜주어야만 한다. 배우자의 가족사에 관한 비밀을 무분별하게 폭로하거나 상대방을 깎아 내리는 말을 슬쩍 표현하는 따위는 부부간의 충성의 언약을 깨뜨리며 신뢰를 해치는 행위다.

어떤 모임에서 누군가가 이러한 '배우자 죽이기' 게임을 하는 것을 본 적이 있는 사람은 내가 무슨 말을 하는지 잘 알 것이다. 그 게임의 목적은 단 한 가지밖에 없다. 친구들 앞에서 배우자를 우습게 만듦으로써 벌주려는 의도가 다분한 것이다. 특별히 악한 의도를 가지고 있는 사람은 종종 자신이 배우자를 얼마나 멍청하고 못생겼다고 생각하는지를 그런 게임을 이용해 널리 알리기도 한다. 이것은 승자가 없는 잔인한 게임일 뿐이다. 이 게임은 자기 배우자의 자존감과 품위를 완전히 짓밟은 후에야 끝이 난다. 혹 배우자가 눈물이라도 흘리게 되면 그 사람은 게임에서 보너스 점수까지 받는다.

잔인하게 들리는가? 농담이나 조롱이라는 미명 하에 행해지는 배우자 죽이기도 마찬가지 아닌가. 배우자에게 이런 식으로 화풀이하는 것을 지켜보는 것은 결코 즐거운 일이 아니다. 친구들의 면전에서 자기 배우자에 관해 이러쿵저러쿵 말하는 것은 가장 민감한 구석을 건드리는 행위다. 이러한 말장난은 결코 해서는 안 되는 게임이다.

여기, 또 다른 종류의 게임이 있다. 그것은 바로 부부간의 '나눔'이라는 명목으로 배우자의 약점을 건드리고 힘의 우위를 장악하려는 게임이다. 내가 아는 회사의 어느 잘생기고 젊은 사장은 매일 자기 아내에게 사무실에서 자신에게 집적대는 한 미혼 여성의 이야기를 들려주었다. 그의 솔직함은 본받을 만한 것이었지만, 아내를 향한 자신의 일편단심에 대해서는 그는 전혀 언급하지 않았다. 의식적이었든 아니었든 간에 그는 아내에게 이렇게 말하고 있는 셈이었다. "당신 말이야. 나한테 잘하는 게 좋을 거야. 밖에 나가면 나를 꼬시기 위해 온갖 애교를 다 떠는 여자들이 줄 서 있다는 말씀." 그의 아내는 어떻게 하면 남편을 붙잡을까를 염려하며 전전긍긍하기 시작했을 것이다.

　그는 아내에게 경고장을 날리는 자신의 진짜 의도가 무엇인지를 곰곰이 생각해봤어야 했다. 이러한 종류의 나눔은 부부간의 우정과 신뢰를 성숙하게 하는가, 아니면 오히려 해악을 끼치는가? 그의 아내는 조용하면서도 위협적이지 않은 태도로 남편이 그런 말을 할 때마다 자신의 기분이 어떤지를 말해줌으로써 대화의 방향을 전환했어야 했다.

행동으로 신뢰 쌓기

말도 중요하고 그 말을 어떻게 사용하는가도 굉장히 중요하다. 하지만 결혼에 있어서 신뢰를 쌓는 가장 확실한 방법은 역시 행동을 통해서다. 당신이 언제나 신뢰할 만한 사람이라는 사실을 당신의 배우자에게 증명할 수 있는 선택과 행동을 하라. 특별히 이성과의 관계에 대해서는 더욱 확실한 태도를 취해야 한다.

나의 예를 들어보면, 나는 아내를 속이고 바람을 핀다는 생각 따위는 단 한 번도 해본 적이 없다고 정직하게 말할 수 있다. 그런 행동이 아내에게 상처를 주며 하나님의 진노를 불러일으킬 것이라는 생각만으로도 나는 좁고 곧은 길에서 벗어나게 만드는 유혹을 뿌리칠 수 있다. 게다가 우리 부부가 지난 세월 동안 쌓아온 그 특별한 관계를 결코 무너뜨리고 싶지 않다. 그러나 그렇게 견고한 헌신에 기초한 결혼이라 할지라도 사탄은 어떻게든 그 관계를 깨뜨리려고 온갖 방책을 동원할 것이다.

내가 특별히 연약해져 있었을 때 사탄이 내게 덫을 놓은 적이 있었다. 셜리와 내가 결혼한 지 몇 년이 지났을 때 우리는 가

벼운 말다툼을 한 적이 있었다. 큰 문제도 아니었지만 당시에 우리는 둘 다 상당히 기분이 상한 상태였다. 나는 화를 식히기 위해 차를 몰고 나가서 한 시간 가량 이리저리 돌아다녔다. 그러고 나서 집으로 돌아오는데 어느 매력적인 여성이 내 차 옆으로 차를 몰고와서는 내게 미소를 지었다. 한눈에 보기에도 나를 유혹하는 것이 분명했다. 그녀는 차 속도를 늦추고 뒤를 돌아보더니 옆길로 들어섰다. 자신을 뒤따라오라는 신호라는 사실을 나는 알아차렸다.

> 당신이 언제나 신뢰할 만한 사람이라는 사실을 당신의 배우자에게 증명할 수 있는 선택과 행동을 하라.

하지만 나는 그 미끼에 걸려들지 않았다. 집으로 곧장 돌아와서 아내와 화해했다. 그 사건으로 우리 둘 사이의 순간적인 갈

등을 놓치지 않는 사탄이 얼마나 교활한 존재인지 다시 한 번 깨닫게 되었다. 성경은 사탄을 이렇게 묘사한다. "너희 대적 마귀가 우는 사자같이 두루 다니며 삼킬 자를 찾나니"(벧전 5:8). 그것이 얼마나 정확한 표현인지 나는 안다. 우리의 결혼을 무너뜨릴 수 있는 최고의 기회가 서로에게 화가 난 바로 그 한두 시간 동안임을 사탄은 알았던 것이다. 그것이 바로 사탄의 전형적인 전략이다. 사탄은 당신에게도 미끼를 던질 것이다. 아마도 그때는 당신이 약해진 순간이 될 것이다. 그는 당신의 '굶주림'이 극에 달하는 순간, 아름답고 고혹적인 금단의 열매를 당신 앞에 던질 것이다. 당신이 그 열매 뒤쪽에 팔을 뻗을 만큼 어리석다면 당신의 손가락은 그 아름다운 열매의 썩은 부분 속으로 빨려들어갈 것이다. 그것이 죄가 우리 삶 가운데 작용하는 방식이다. 모든 것을 약속하는 것 같지만 결국에는 경멸과 비탄만 가져다줄 뿐이다.

누군가가 이를 다음과 같이 표현했다. 잡초는 "당신 집 앞마당의 보도에 아주 작은 틈만 있어도 충분히 무성하게 자랄 수 있다."

가정에 울타리 두르기

그렇다면 어떻게 우리 결혼의 앞마당에 금이 가는 것을 방지할 수 있을까? 불륜을 피하는 가장 확실한 방법은 유혹이 닥치자마자 도망치는 것이다. 작가인 제리 젠킨스(Jerry Jenkins)는 도덕적 순결을 지키려는 이런 결단을 두고 유혹이 한 발짝도 들어설 수 없도록 결혼의 둘레에 '울타리 두르기'라고 말했다. 그것은 스스로를 보호하기 위해 울타리를 치는 동시에 결혼생활에서 신뢰의 수위를 올리기 위해 조치를 취하는 것이다.

가정에 울타리를 치기 위해서는 이성과의 관계의 수위에 관해 배우자와 이야기를 나누고 분별 있고 민감한 가이드라인을 세워야 한다. 이성 동료와의 점심 식사나 함께 출장가기, 닫힌 사무실에서 둘이서만 이야기하기, 둘이서 차 타기, 둘이서만 진행하는 프로젝트 등을 하지 않기로 결단한 부부들도 있다. 배우자와 함께 합리적인 방안을 정하고 그 결정을 지키라. 만일 예상치 못한 상황이 발생하게 되면 그때는 배우자와 상의를 하라. 그 상황에 대해 상대방이 불편하게 여긴다면 그 일을 해서는 안 된다. 서로의 염려에 관해 귀 기울여 들으라. 하나님이 두 사람을 '한 몸'으로 만드신 데에는 이유가 있다.

이성에게 약간의 친근감을 표시하는 것은 해될 일이 아니겠지만 지나치지 않도록 조심해야 한다. 스스로에게 물어보라. '이 장면을 내 배우자가 본다면 어떤 기분을 느낄 것인가? 내 행동에 대해 신뢰할 것인가, 아니면 내 행동의 동기에 관해 의심을 품을 것인가?'

어쩌면 처음에는 아무렇지도 않은 일에 대해서 배우자의 허락을 구하는 것이 이상해 보일 수도 있다. 하지만 상황이 바뀌어서 당신의 배우자가 그 같은 질문을 당신에게 한다면 얼마나 안심이 되는지 곧 알게 될 것이다.

당신이 어떠한 점에서 유혹에 약한지를 분석할 필요도 있다. 머빌 빈센트(Merville Vincent) 박사는 〈기독 의학 저널(Christian Medical Society Journal)〉에 의사나 그와 같이 권위가 있는 지위를 가진 사람이 어떻게 유혹의 덫에 빠질 수 있는지에 관한 논문을 게재했다.[3] 빈센트 박사의 가설에 의하면 첫 단계는 불행한 결혼생활을 하거나 이혼한 젊은 여성이 치료를 받기 위해서 의사를 찾아오는 것이다. 그 여성은 겁에 질리고 무기력한 상태에 있다. 반면, 의사는 강하고 자신감이 넘치며 그녀를 돌보아주고 그녀의 문제도 즉각적으로 해결해줄 수 있다. 그 여성은 그 의사가 훌륭하다는 믿음을 갖게 되고 그것을 그에게 말해준다. 그 의사는 즉시 그 사실을 시인한다.

한편, 그 의사는 가정에서 어려움을 겪고 있다. 어쩌면 그가 너무 일만 해서 문제가 생겼을 수도 있다. 어쩌면 남편이나 아이들 아버지 역할에 대한 아내의 기대를 채워줄 노력조차 하지 않는 남편을 돌보느라 지쳐버린 그의 아내가 이제 더 이상 그의 필요를 충족시키지 못하고 있기 때문인지도 모른다. 그의 아내의 요구는 점점 더 커가고 그는 자신이 집에서 제대로 인정받지 못한다고 느낀다. 그런 그의 눈에 갑자기 이 젊은 환자가 점점 더 매력적으로 다가오기 시작하는 것이다.

이것은 재난으로 향하는 지름길이다. 남편(혹은 아내)이 자신의 배우자나 가족보다 자신의 환자(혹은 고객이나 동료)가 자신을 더 인정하고 사랑한다고 느낄 때에 첫 번째 경고등이 켜지는 것이다. 두 번째 경고등은 남편(혹은 아내)이 자신의 새로운 흥미에 더 시간을 보내고 집에서 보내는 시간은 줄어드는 것이다. 이 시점에 도달하게 되면 불륜은 시간 문제다.

빈센트 박사의 논리에 의하면 남편과 아내와 제삼자의 충족되지 않은 요구에서부터 불륜이 싹트기 시작한다는 사실을 부부가 깨닫기만 한다면 파국은 예방할 수 있다고 한다. 그들의 필요를 성적인 반응으로 충족시키는 것은 상황을 호전시키기는커녕 더욱 악화시킨다는 사실을 깨달아야만 한다. 또한, 불륜이 발생하는 것을 예방하는 확실한 방법은 남편과 아내가 모두 상대방의 필요를 자신의 필요보다 먼저 생각하는 것이다. 나도 빈센트 박사의 의견에 동의한다. 섬김과 희생의 태도야말로 두말할 나위 없이 결혼을 세우는 힘이기 때문이다.

유혹에 관해 말해주고 싶은 마지막 충고가 있다. 자신은 결코 유혹에 빠지지 않을 것이라는 자신감을 버리라. "나는 결코 그런 유혹에 빠지지 않을 거야"라고 자신하는 순간, 바로 위험에 처할 수 있다. 우리 모두는 강력한 욕구를 지닌 성적인 피조물이다. 그리고 우리는 모두 악한 길로 가고자 하는 강한 죄성을 지니고 있다. 바로 그 때문에 그토록 유혹에 빠지기 쉬운 것이다. 당신의 삶 속에 유혹이 한 발자국도 들어오지 못하도록 하라. 나의 아버지는 이런 글을 남기셨다. "강한 욕망은 마치 격렬하게 흐르는 강과도 같다. 하나님의 뜻이라는 둑 안에 있는 한, 모든 것은 올바르고 정결할 것이다. 그러나 강물이 그 둑을 넘는 순간 황폐함이 모든 것을 휩쓸고 말 것이다."

얼마 전에 나는 작지만 보편적인 인간 본성에 대한 한 가지 특징을 알게 되었다. 우리는 어쩌다가 운좋게 얻은 것은 귀중하게 생각하지만 처음부터 가지고 있는 것은 평가절하하는 경향이 있다. 우리가 가질 수 없는 것은 갈망하지만 그것이 영원히 우리의 것이 되는 순간 경멸하기 시작한다.[4] 이것은 불륜의 유혹이 우리의 행동에 미칠 수 있는 놀라운 영향력을 설명해준다. 그럼에도 불구하고 하나님은 우리가 구한다면 유혹에서 '피할 길'을 주시겠다고 약속하셨다(고전 10:13). 계속해서 그 길을 찾으라. 그러면 당신의 결혼생활은 신뢰를 쌓아가게 될 것이다.

하나님으로부터 시작되는 신뢰

물론, 최고의 결혼생활을 해나간다는 부부조차 서로 잘못을 저지르기도 하고 상대방의 신뢰를 깨뜨리기도 한다. 결혼생활에서 친밀한 관계를 이루어가기 원한다면 우리 자신의 능력이 아니라 하나님의 능력에 의지해야만 하는 이유도 바로 그 때문이다. 남편과 아내가 하나님의 방법에 따라 살기로 서로 헌신할 때만이 두 사람 사이에 깊고 지속적인 신뢰의 연합이 이루어진다. 자신의 배우자가 진심으로 하나님과 그분의 법도를 따르기를 구한다는 사실을 알 때에, 우리는 자신 있게 우리 마음을 배우자에게 줄 수 있다.

하나님의 신실하심을 신뢰할 때만이 우리는 상처받을 수 있는 개연성에도 불구하고 서로에게 계속해서 마음을 열 수 있는 용기를 갖게 된다. 1993년도에 개봉한 영화 〈섀도우랜드(Shadowlands)〉는 C. S. 루이스(Lewis)와 그가 사랑했지만 곧 죽음을 맞게 된 여인의 이야기를 다루었다. 그녀의 죽음은 그에게 엄청난 고통을 안겨주었다. 그는 자신의 사랑이 과연 허락받기는 한 것인지 묻는

다. 마지막 장면에서 그는 우리는 인생에서 두 가지 선택권을 부여받았다고 결론을 내린다. 한 가지는 우리가 사랑하는 이들이 병들고 죽음을 맞게 되며 우리를 거절할 가능성이 있음에도 불구하고 여전히 그들을 사랑하고 돌보기로 선택하는 것이다. 또 다른 한 가지는 다른 사람들을 사랑하지 않기로 선택함으로써 스스로를 보호하는 것이다. 루이스는 보호막으로 둘러싼 채 고립되어 인생을 외롭게 살아가는 것보다 고통을 받을지라도 느끼며 사는 편이 더 낫다고 결정을 내린다. 전적으로 그에게 동의한다.

그렇다. 배우자를 신뢰하는 것은 위험한 일일 수도 있다. 그러나 진정한 친밀감을 얻을 수만 있다면 그런 모험은 감행할 가치가 있지 않겠는가.

변함없는 신뢰를 세워나가라

- 당신은 하나님을 얼마나 깊이 신뢰하는가? 당신의 배우자는 얼마나 신뢰하는가? 주님을 믿는 것이 당신의 결혼생활에서 어떻게 신뢰를 세울 수 있도록 도와주는지 함께 나누어보라.

- 간음에 대해 하나님이 어떻게 말씀하고 계시는지 알고 있는가? 출애굽기 20장 14절, 레위기 18장 20절과 20장 10절, 잠언 7장, 말라기 3장 5절, 마태복음 5장 27-28절, 마가복음 10장 11-12절, 요한복음 8장 1-11절, 로마서 7장 2-3절, 에베소서 5장 3-5절, 히브리서 13장 4절을 읽어보라.

- 당신 부부는 이성과 가지는 교류에 대해 서로가 편안함을 느끼는가? 당신의 가정에 울타리를 세우기 위해 두 사람이 동의할 수 있는 가이드라인에 관해서 이야기해보라.

행복 넷

이해를 구하라

각각 자기 일을 돌아볼 뿐더러 또한 각각 다른 사람들의
일을 돌아보아 나의 기쁨을 충만케 하라.

빌립보서 2장 4절

대부분의 사람들에게 있어서 대화의 기술은 저절로 생기는 것이 아니다. 어떤 사람들은 괜히 말을 많이 하는 것을 싫어하고, 또 어떤 사람들은 별 의미도 없는 말을 쉴 새 없이 떠들어대기도 한다. 그러나 결혼에 관한 한, 대화의 기술은 친밀감을 여는 열쇠 가운데 하나다. 이 기술을 습득한 사람들은 친밀하고 충만하며 생산적인 관계를 가질 가능성이 높다. 하지만 계속해서 서로를 이해하지 못하는 사람들은 대개 고독과 외로움을 느낀다. 그래서 부부간에 대화가 부족한 상태가 지속되면 그것은 이혼에 이르는 중요한 원인이 되기도 한다.

결혼에 있어서 대화가 문제가 되는 가장 중요한 이유 가운데 하나는 남자와 여자 사이에 존재하는 근본적인 차이점 때문이다. 이 방면의 연구를 통해서 분명하게 알 수 있는 사실은 대체로 여자아이들이 남자아이들보다 더 뛰어난 언어적 재능을 가지고 있으며, 이런 차이는 평생 동안 지속된다는 것이다. 간단히 말하자면, 여자는 남자보다 말이 많다는 것이다. 어른이 되어서도 여자들은 대개 남편들보다 자신의 감정과 생각을 말로 더 잘 표현하고 종종 남편들의 과묵함 때문에 짜증을 낸다. 어쩌면 하나님이 여성에게는 하루에 5만 개의 단어를 주신 반면, 그녀의 남편에게는 2만 5천 개의 단어밖에는 주지 않으셨는지도 모른다. 퇴근해서 집에 도착한 남편은 이미 24,975개의 단어를 직장에서 써버렸을 것이다. 그래서 남은 저녁 시간에 집에서는 몇 마디밖에는 중얼거리지 않는 것인지도 모른다. 아내가 남아 있는 2만 5천 개의 단어를 사용하고 싶어 안달하는 동안에, 남편은 월요일 밤 미식축구 중계를 보기 위해 소파에 몸을 묻을 것이다. 남성의 이런 성향을 두고 한 여성 칼럼니스트는 한 시즌에 미식축구 경기를 16만 8천 번 이상 시청하는 남자에게는 법적으로 사망을 선고하는 법안을 통과시켜야 한다는 주장까지 했다(혹시 이에 찬성하는 사람은 '예' 하라).

　　인간성의 복잡함으로 인해 모든 것에는 항상 예외가 존재한다. 그럼에도 불구하고 대다수의 경험 많은 결혼 상담가들은 아내들의 가장 일반적인 불만 중의 하나가 남편이 아내에게 자신의 감정을 표현하지 못하거나 표현하지 않으려고 한다는 사실을 지

적하고 있다. 이것을 달리 말하면 이렇게 표현해도 틀리지 않을 것이다. 조용하고 과묵한 남편에게는 반드시 좌절감을 느끼는 아내가 있다. 아내는 남편이 무슨 생각을 하는지, 낮에 직장에서 어떤 일이 있었는지, 아이들을 어떻게 생각하는지 그리고 무엇보다도 자신에 대해 어떻게 느끼는지를 알고 싶어한다. 반면에 남편은 어떤 부분에서는 침묵하는 편이 더 낫다고 생각하는 것이다. 이런 차이야말로 부부 싸움의 가장 흔한 이유가 되는 셈이다.

앞뒤가 안 맞는 점은 아주 감정적이고 말이 많은 여성일수록 주로 강하고 과묵한 타입의 남성에게 끌린다는 사실이다. 결혼하기 전에는 남자의 그런 성격이 안정되고 '절제력이 뛰어난' 것처럼 보인다. 여자는 침착하고 위기 상황에서도 냉정을 유지하는 그의 그런 성격에 반하게 되는 것이다. 그러나 결혼을 한 후에는 남자의 장점이라고 생각했던 면의 반대편이 부각되어 다가오게 된다. 남편이 말을 하지 않는다는 것이다! 그래서 향후 40년 동안 그녀는 자신에게 필요한 것을 주지 않는 남편을 향해 이를 갈게 된다. 그에게는 대화의 기술이 없었던 것이다.

일전에 나는 다음과 같은 편지를 받은 적이 있는데 그것은 내가 받은 다른 천 통의 편지를 잘 대변해주는 편지였다(사생활 보호를 위해 편지를 보낸 사람의 이름은 삭제했다).

답슨 박사님께,

저는 박사님의 책 「아내들은 남편들이 여성에 대해 무엇을 알기를 원하는가?(What Wives Wish Their Husbands Knew About Women)」를 읽었습니다. 불행하게도 제 남편에게 그 책을 읽힐 수 없다는 것이 바로 제 문제입니다. 남편과 대화하려면 텔레비전, 아이들, 일에 대한 남편의 관심과 경쟁해야만 합니다. 정말로 힘이 듭니다. 식사 시간이 되어서 대화를 나눌 기회가 오면 남편은 라디오 뉴스를 들어야 한다고 합니다. 제 남편은 오후 3시부터 밤 11시까지 일하기 때문에 저녁 식사 시간에는 아예 집에 있지도 않습니다. 박사님이 진행하시는 〈포커스 온 더 패밀리(Focus on the Family)〉 방송을 남편이 들을 수만 있다면 정말 좋겠는데요. 하지만 제 남편은…

내 강연을 들은 또 다른 여성은 다음과 같은 쪽지를 건네주었다. 짧은 글이지만 많은 여성들의 마음을 잘 표현해주고 있다.

제발 이 점에 대해 좀 말씀해주시겠어요? 제 남편은 집에 와서 신문을 읽고, 저녁을 먹고, 전화 통화를 하고, 텔레비전을 보고, 샤워를 한 후에 잠을 잡니다. 이것은 남편의 매일의 일과입니다. 늘 변함없이 똑같습니다. 주일이면 교회에 가고 돌아와서는 낮잠을 잡니다. 그러고 나면 다시 월요일 아침이 돌아옵니다. 우리 딸은 아홉 살인데 우리 부부는 더 이상 대화를 나누지 않습니다. 매일의 삶이 이렇게 단조롭게 지나갑니다.

혹자는 이렇게 반문할지도 모르겠다. "만일 여자들이 자기 남편들과 시간을 따로 떼어놓고 대화를 하고 싶다면 그렇다고 말하면 되지 않나요?" 사실, 아내들은 남편들에게 계속해서 그 사실을 말하고 있다. 그러나 남편들은 (때로는 아내들은) 종종 이 메시지를 '듣지' 못하는 것이다.

나는 사람보다도 고양이와 개가 더 많이 참석했던 천막 집회에서 우리 아버지가 설교하시던 날 밤을 기억한다. 아버지가

설교하시는 동안, 집채만 한 고양이 한 마리가 강대상에서 잠을 청했다. 설교 도중에 뒷걸음질치시다가 아버지는 그 고양이의 꼬리를 밟고 말았다. 깜짝 놀란 고양이는 거구인 아버지의 구둣발에서 꼬리를 빼내기 위해 발버둥을 치기 시작했다. 하지만 설교에 몰두하신 아버지는 고양이가 난동을 부리는 것도 눈치채지 못하셨다. 자신의 바로 발밑에서 한 짐승이 살려달라고 비명을 지르며 카펫을 쥐어뜯고 있는 상황인데도 아버지의 발은 미동도 하지 않았다. 나중에 아버지는 그 소리가 근처 골목을 지나가던 자동차가 급정거하는 소리인 줄로만 알았다고 말씀하셨다. 여전히 상황을 눈치채지 못하신 채 마침내 아버지의 발이 고양이 꼬리에서 옮겨지자 그 고양이는 걸음아 날 살려라 하고 도망을 쳤다.

이 이야기는 결혼생활을 하는 오늘날의 많은 부부들에게 시사하는 바가 크다. 아내는 고통 가운데서 비명을 지르며 팔을 휘젓고 있지만, 남편은 아내의 고통이 안중에 없는 것이다. 남편은 자신이 왼쪽이든 오른쪽이든 내딛는 한 발자국이 이 위기를 해소시킬 수도 있다는 사실을 알지도 못한 채 자신의 생각에만 몰두해 있는 것이다. 남편들이 이러한 상황 속에서도 얼마나 둔감할 수 있는지를 보면 나는 경탄을 금할 수 없다.

결혼에 대한 환상

말을 하지도 듣지도 않는 이 난감한 딜레마의 또 다른 일반적인 문제는 그 뿌리가 어린 시절에 있다는 것이다. 여자아이들은 우리 문화로부터 결혼은 평생 지속되는 낭만적인 경험이라는 은밀한 메시지를 배워왔다. 이 메시지 속에는 아내의 행복은 전적으로 남편의 사랑에 의해 결정되며, 남편과 아내가 좋은 관계를 유지하면 삶의 모든 필요와 욕구를 충분히 만족시킬 수 있다는 것과, 아내가 겪는 모든 슬픔과 우울함은 남편 탓이라는 내용이 암시되어 있다. 또는 남편이 아내에게 신경을 쓰기만 한다면 최소한 아내의 고통을 없애줄 능력은 갖추고 있다라고 말하고 있다. 다른 말로 표현하면, 많은 여성들이 곧 산산조각 나버릴 비현실적이고 낭만적인 기대를 안고 결혼을 하고 있다는 것이다. 이러한 환상은 신부를 장차 실망과 불행 속으로 몰아넣을 뿐만 아니라 신랑에게는 불가능한 것을 제공해주어야 한다는 어마어마한 압력을 행사하고 있다.

　불행하게도 남자아이들 역시 자라면서 일종의 환상을 갖게 된다. 아마도 자신의 아버지로부터 그런 환상을 물려받는 것이리라. 그들은 남편의 유일한 책임이 가족에게 물질적인 필요를 공급하는 것뿐이라는 교훈을 배우게 된다. 따라서 사업이나 직업 세계로 뛰어들어간 후에는 무슨 일이 있더라도 성공을 해야 한다. 성공의 사다리로 올라가서 언제나 치솟기만 하는 삶에 대한 기대 수준을 만족시킴으로써 자신의 남성성을 증명해야만 하는 것이다. 그런 그의 의무 목록에 자기 아내의 감정적인 '파트너'가 되어주는 일 따위는 결코 포함되어 있지 않다. 가족의 생계를 책임지고 충직한 남편이 되기만 한다면 더 이상 아내가 바랄 것이 무엇이겠는가. 아내가 무엇을 원하는지 남편은 도무지 이해하지 못하고 있다.

　남녀간의 이런 차이 때문에 그들은 결혼 초기부터 정면으로 충돌할 수밖에 없다. 새신랑은 자신이 성공하기만 한다면 신부는 자동적으로 고마워할 것이라고 생각하며 직장에서 정신없이 경쟁에 몰두한다. 그러나 황당하게도 신부는 고마워하기는커녕 자신에게서 신랑을 빼앗아간 일에 대해 분노하기까지 하는 것이 아닌가. "이 일은 당신을 위해서 하는 거야, 내 사랑!" 그러나 신랑의 이 말에도 불구하고 신부는 확신을 갖지 못하는 눈치다.

처음에 신랑은 신부를 이해하려고 노력도 해보지만 때로는 화가 나서 큰 소리로 싸움을 하기도 한다. 다음날 아침 간밤의 부부 싸움을 생각하면 끔찍한 느낌이다. 그러는 가운데 점차 그의 성격은 변하기 시작한다. 아내와의 갈등이 싫어서 그는 회피하는 방법으로 침묵을 택한다. 대부분의 남자들처럼 그 역시 자기 가정의 평화를 원하는 것이다. 그래서 도피의 방법들을 찾는다. 신문을 읽거나 텔레비전을 보고, 목공을 하거나 낚시를 가고, 잔디를 깎거나 골프를 치고, 일을 하거나 야구장을 가는 것이다. 적의에 불타는 아내로부터 도망갈 수 있는 것이라면 어떤 것이든 상관없다. 그래서 아내가 잠잠해질까? 정반대! 자신이 화가 났다는 사실조차 무시를 당했다고 느낀 아내의 분노는 극에 달하게 된다.

여기, 관심을 가져달라고 부르짖다가 남편의 무심함에 적개심으로 불타고 있는 아내가 있다. 이 상황에서 남편은 어떻게 하고 있는가? 숨기에 급급하다. 입을 더욱 굳게 닫고 도망만 다닌

다. 이 얼마나 끔찍한 악순환인가. 남편의 무관심에 아내가 화를 내면 낼수록 남편은 점점 더 멀어지고, 이를 본 아내의 적개심은 더욱 활활 타오르는 것이다. 아내는 할 수 있는 말이란 말은 다 해보았지만 남편은 묵묵부답으로 일관한다. 이제 아내는 무기력감과 존중받지 않는다는 느낌까지 받는다. 매일 아침 남편은 동료들과 어울릴 수 있는 일터에 나가게 되지만 아내는 감정적 박탈감 속에 갇혀 있다.

물론, 맞벌이 가정인 경우나 아내가 가장 역할을 하는 경우라면 상황의 역학 관계는 달라질 것이다. 그러나 결혼에 있어서 나눔과 친밀감에 대한 기본적인 욕구는 여전히 남아 있으며, 특히 아내의 경우 더욱 그렇다. 상황에 상관없이 한쪽 배우자가 오랜 기간 동안 무시당했다고 느끼면 이를 상대편에게 되돌려줄 방법을 찾기 시작할지도 모른다. 관계가 이런 지경까지 악화된다면 배우자와 친밀감을 나눈다는 개념은 마치 화성에서 찾아온 외계인과 친밀감을 나누는 것처럼 낯설게 느껴질 것이다.

지금까지 내가 결혼생활에서 대화가 단절되는 전형적인 방법들을 아주 우울하게 묘사했음을 잘 알고 있다. 하지만 만일 당신의 부부 관계가 이런 각본 가운데 하나에 해당된다고 할지라도 희망을 버리지 말라! 여기에 어느 시대에나 효과가 있었던 여러 가지 해결책들이 있다. 이런 방법들을 시도해봄으로써 부부 관계 속에서 의사소통하는 법을 향상시킬 수 있을 것이다.

의견 교환하는 법 회복하기

두 사람 사이에 서로 의견을 교환하는 것이 막혀 있다고 생각하는 남편과 아내에게는 타협이 첫 번째 해결책이다. 제아무리 과묵한 남편이라도 '그 취한 아내를 즐겁게 해야 할'(신 24:5) 분명한 책임이 있다. 남편은 '바위'처럼 어떤 일에도 결코 상처받지 않겠다는 자세를 취해서는 안 된다. 오히려 마음 문을 열고 자신의 내면 감정을 아내와 더욱 깊이 나누어야 한다. 의미 있는 대화를 나누기 위해서는 따로 시간을 내어야 한다. 산책을 하거나 둘이서만 외식을 하거나 토요일 아침에 함께 자전거를 타는 것과 같은 시도를 해보라. 그런 행동들은 대화를 나눌 수 있는 새로운 기회를 제공해주며, 다시금 사랑에 불을 붙여줄 것이다. 남편이 보다 내성적인 경향이고 아내는 보다 외향적인 가족일 경우에도 대화는 시작될 수 있다. 이런 상황이라면 나는 타협에 대한 우선적인 책임이 남편에게 있다고 믿는다.

두 사람은 때때로 말하기 곤란한 주제에 대해서도 대화를 나누어야 한다. 당신이 가족의 재정을 담당하고 있는데 실수나 잘못을 저질러 은행 잔고가 하나도 남지 않게 되었다고 하자. 숨기지 말고 배우자에게 이 사실을 솔직히 털어놓아야 한다. 만일 직장에서 누군가 당신에게 유혹의 눈길을 보낸다면, 말하는 것이 불편할지라도 배우자에게 이를 말하라. 이런 문제들에 대한 최선의 해결책을 함께 찾아가는 가운데 두 사람은 더욱 가까워지게 될 것이다.

> 의미 있는 대화를 나누기 위해서는 따로 시간을 내어야 한다.

순수한 동기로 내면의 감정을 배우자에게 솔직하게 드러내고 결혼에 대한 헌신을 계속해서 새롭게 다짐한다면, 당신의 배우자는 가장 소중한 동료이자 보호자, 조언자이자 친구가 될 것이다.

게리 스몰리(Gary Smalley)와 존 트렌트(John Trent)는 자신들의 책 「사랑의 언어(The Language of Love)」에서 부부의 대화를 증진시키는 데 있어서 아주 효과적인 방법 가운데 하나는 비유를 사용하는 것이라고 제안했다. 그 실례로 이런 이야기를 해주고 있다. 고등학교 교사이자 축구 코치인 짐(Jim)은 매일 저녁 아내인 수잔(Susan)과 대화를 나눌 수 없을 정도로 피곤한 상태로 퇴근을 했다. 수잔은 그 때문에 실망하고 그에게 화를 내곤 했다. 마침내 수잔은 짐에게 동료 코치들과 회식을 하러 나간 어떤 남자에 관한 비유를 들려주었다. 그 남자는 자기가 제일 좋아하는 음식을 시켜 먹고는 남은 부스러기를 비닐봉지에 담았다. 그리고 점심에는 다른 친구들과 만나서 진수성찬을 먹은 후 남은 음식을 또 비닐봉지에 쓸어 담았다. 그런 후에 집으로 돌아와서 아내와 두 아들에게 그 비닐봉지를 건네주었다는 이야기였다.

"당신이 우리에게 줄 것이 하나도 없이 집에 돌아올 때마다 내가 느끼는 심정이 딱 그래요." 수잔이 말했다. "아이들과 내게 주어지는 것은 음식 찌꺼기뿐이잖아요. 나는 당신과 함께 이야기하고 웃고 서로 더 잘 알아가고 싶어요. 당신이 동료들과 매일 나누는 것처럼 대화하기를 갈망하며 기다리고 있단 말이에요. 하지만 그런 우리에게 주어지는 것은 남은 반찬 찌꺼기 같은 것뿐이에요. 여보, 모르겠어요? 우리가 원하는 것은 찌꺼기가 아니란 말이에요. 우리는 당신이 필요해요."

수잔의 비유에 짐은 눈물을 흘렸다. 그 후 그들의 결혼생활은 몰라보게 달라졌다.[5] 적대감에 찬 말을 폭포수처럼 쏟아내는 것보다 이런 비유가 배우자의 관심을 이끌어내기에 훨씬 더 효과적이라는 사실을 당신도 알게 될 것이다.

저술가이자 상담가인 척과 바바라 스나이더(Chuck & Barb Snyder)가 제안하는 부부간의 대화를 위한 또 다른 방법은 성경 구절에 근거를 둔 '속히 듣기' 방법이다.[6] "사람마다 듣기는 속히 하고 말하기는 더디 하며 성내기도 더디하라"(약 1:19). 불화가 생기면 남편과 아내가 함께 마주 앉아 그 일에 대해 서로의 감정을 설명하는 것이다. 배우자가 말하는 동안에는 상대방이 방해해서는 안 된다는 것이 이 방법의 조건이다. 이 방법을 사용했음에도 여전히 상대방에게 동의하지 않을지도 모른다. 하지만 자신의 의견을 말하고 상대방의 의견을 충분히 들은 후에는 서로를 이해할 가능성이 더 높아지며 관계가 깨질 가능성은 더 낮아질 것이다.

> 행복이란 사람의 마음먹기에 따라 붙기도 하고 떨어지기도 하는 놀라운 자석과 같다.

반응이 없는 남편을 공격하고 밀어내는 성향의 아내가 남편을 자신에게로 끌어오는 방법이 있다. 남편에게서 부담감을 없애주는 것이다. 한 발자국 뒤로 물러서서 늘 반복되는 비난과 불평을 피하며, 남편이 잘하는 것에 대해 감사를 표현하고, 함께 있는 것을 즐거워하는 것이 바로 그 방법이다. 행복이란 사람의 마음먹기에 따라 붙기도 하고 떨어지기도 하는 놀라운 자석과 같다.

무관심해진 배우자를 일깨우기 위해서는 때때로 일종의 '신비 전략'을 관계에 활용하는 것도 필요하다. 자신감과 독립적인 태도가 정면공격보다 배우자의 관심을 끄는 데 훨씬 더 효과적일 수도 있다.

내가 상담을 했던 어느 똑똑하고 젊은 여성이 기억난다. 그녀를 자넷(Janet)이라고 부르기로 하자. 자넷은 남편의 애정이 식어가고 있다고 느꼈기 때문에 상담을 청했다. 그녀의 남편 프랭크(Frank)는 집에 있는 것을 지루해하는 것처럼 보였고 그녀와 외식하러 나가는 것도 싫어했다. 아내가 아무리 말려도 주말이면 친구들과 보트를 타러 나갔다. 자넷은 여러 달 동안 남편의 애정을 구걸하다시피 했지만 프랭크의 무관심은 계속되었다.

나는 자넷이 남편의 영역을 침범했을지도 모른다고 생각했다. 그래서 남편이 그녀와 결혼하고 싶어할 정도로 좋아했던 그녀 자신의 매력을 다시 회복할 필요가 있다고 말해주었다. 그리고 남편이 집에 있을 때에 남편을 '쫓아다니기'를 그만두고, 남편과 상관없는 혼자만의 활동을 계획하고 자신의 세계를 가져보라고 권했다. 남편에게는 자신이 어째서 변했는지에 관해 모호한 설명만 해주라고 조언했다. 그리고 화를 내거나 불만을 토로하지 말고 프랭크 스스로 아내가 무슨 생각을 하고 있는지 결론을 내리도록 기다리라고 말했다. 내 제안의 목적은 아내에 대한 그의 판단의 틀을 바꾸는 것이었다. '나를 못살게 구는 이 여자로부터 어떻게 하면 도망칠 수 있을까?'라고 생각하는 대신, '도대체 무슨 일이람? 아내가 내게서 관심을 잃어버린 걸까? 내가 그녀를 너무 밀어낸 건 아닐까? 아내에게 다른 사람이 생긴 걸까?'라고 궁금증을 유발하는 것이 내 의도였다.

그 결과는 극적이었다. 자넷의 태도가 변한 지 일주일쯤 지난 어느 저녁에 자넷과 프랭크는 함께 집에 있었다. 몇 시간에 걸친 재미없는 대화와 하품이 이어진 후에 자넷은 남편에게 피곤하니 먼저 자러 간다고 말했다. 아무렇지도 않은 듯이 잘 자라는 인사를 남기고 그녀는 침실로 갔다. 30분 후에 침실문을 벌컥 열고 들어온 프랭크는 불을 켜더니 그녀에게 애정 공세를 펼쳤다. 그리고는 두 사람 사이에 존재하는 벽을 도저히 참을 수 없다고 말하는 것이 아닌가. 자넷이 몇 달 동안 그토록 불평해오던 바로 그

벽 말이다. 그동안 보인 자넷의 태도가 너무 압도적이었기 때문에 오히려 남편을 떠민 격이 되었던 것이다. 자넷이 방향을 전환하자 프랭크도 후진 기어를 넣었다. 부부 사이에는 종종 이런 일도 일어난다.

있는 그대로 받아들이기

그러나 이 모든 대화의 기술을 사용한다고 해도 어떤 이들은 (주로 아내 쪽이) 스스로를 온전히 표현하지 못하거나 상대방이 말하는 필요에 대해 전혀 이해하지 못하는 배우자와 자신이 결혼했음을 알게 될 것이다. 서로 다른 감정의 구조로 말미암아 자신이 아닌 다른 사람, 특히 이성이 느끼는 감정과 좌절감을 전혀 이해하지 못하는 경우도 있다. 이런 남편은 내가 쓴 책은 읽지 않을 것이다. 설사 읽는다 하더라도 오히려 화를 내게 될지도 모른다. 다른 사람에게 '주어' 본 적이 없기에 주는 방법 자체를 모를 수도 있다. 그런 사람의 아내라면 어떤 반응을 보여야 할까?

당신의 배우자가 당신이 그토록 원하는 대화의 기술을 갖추지 못한 사람이라면 어떻게 할 것인가?

　　내가 줄 수 있는 충고는 바꿀 수 있는 부분은 바꾸고, 이해시킬 수 있는 부분은 설명하고, 납득시킬 수 있는 부분은 가르치고, 개선의 여지가 있는 부분은 고치고, 결정할 수 있는 부분은 결정하고, 타협이 가능한 부분은 협상하라는 것이다. 서로 완전히 다른 독특한 성격을 지닌 불완전한 두 사람이 결합하면서 가져온 재료를 가지고 만들 수 있는 최선의 결혼을 창조하라. 하지만 결코 부드럽게 만들 수 없는 거친 모서리나 결코 없앨 수 없는 단점이 존재한다면, 그것에 대한 가장 최선의 관점을 개발하고, 있는 그대로 현실을 받아들이겠다는 결단을 내리라. 건강한 정신을 유지하는 첫 번째 원칙은 바꿀 수 없는 점은 그대로 받아들이는 것이다. 당신이 통제할 수 없는 상황을 역전시키려고 애쓰다가는 당신이 산산조각이 날 수도 있다. 포기하지 않고 강하게 맞서다가 갑자기 무너져 내릴 수도 있다. 우울증이란 종종 감정이 무너져 내린 증거이기도 하다.

　　누군가 이런 글을 썼다.

*삶이 내게 기쁨과 평안을 줄 수 없을지라도
그것을 극복하는 것은 내게 달려 있다.
삶은 내게 시간과 공간만은 허락했기에
그것을 어떻게 채우는가는 내 몫이다.*

남편이 당신의 모든 필요와 열망을 결코 충족시켜줄 수 없다는 사실을 받아들일 수 있겠는가? 한 인간이 다른 사람의 모든 욕구와 소망을 충족시킬 수 있다는 것 자체가 희귀한 일 아닌가. 분명, 동전에는 양면이 있는 법이다. 당신도 남편에게 완벽한 이상형의 아내가 될 수 없다. 남편이 당신의 정서적인 필요를 온전히 채울 선물 상자가 되지 못하는 것이나 당신이 매일 밤 남편의 성적인 환상을 채워주지 못하는 것이나 매일반 아닌가. 두 사람이 함께 인간의 연약함과 결점들과 성마름과 피로와 가끔 생기는 한밤의 '두통'을 놓고 타협점을 찾아야 한다. 좋은 결혼이란 완벽으로 이루어진 관계가 아니다. 오히려 해결할 수 없는 수없이 많은 문제들을 눈감아주는 건강한 시각 속에 존재하는 관계다. 나는 내 아내가 나를 향해 이러한 시각을 가져왔음에 감사할 따름이다!

이해를 구하라

• 당신과 당신의 배우자는 어떤 식으로 서로 의사소통을 하는가? 또 어떤 식으로 갈등하며 다투는가? 당신의 결혼생활에서 서로 의사소통하는 법을 개선하기 위해서 타협할 수 있는 것은 무엇인지 이야기해보라.

• 당신은 '결혼에 관한 환상'의 피해자인가? 결혼에 대한 환상이 당신과 배우자 사이의 관계에 어떤 영향을 미쳤는가? 그리고 그런 상황에서 당신이 할 수 있는 것은 무엇인가?

• 부부간에 의사소통이 잘되지 않는 부분에 대해서 배우자의 관점으로 그 문제를 보려고 노력해본 적이 있는가? 당신이 처한 상황을 개선하기 위해 할 수 있는 것을 결심하라. 그리고 있는 그대로 받아들여야 하는 현실은 없는지 살펴보라.

행복 다섯

낭만을 되살리라

사랑은… 불같이 일어나니
그 기세가 여호와의 불과 같으니라.

아가서 8장 6절

결혼한 지 6개월이 지나서 처음으로 우리 부부가 함께 맞이한 발렌타인 데이를 나는 결코 잊지 못할 것이다. 그날이 완전 재앙으로 변했기 때문이다. 그날 아침 남 캘리포니아 대학의 도서관으로 직행한 나는 무려 10시간 가까이 먼지 날리는 책들과 논문집들과 씨름을 하다가 그날이 2월 14일, 즉 발렌타인 데이라는 사실도 까맣게 잊어버리고 말았다.

설상가상으로 나는 집에서 아내가 무슨 준비를 하고 있는지조차 알지 못했다. 셜리는 만찬을 준비하고 하트 모양의 핑크빛 케이크를 구워서 그 위에 '해피 발렌타인 데이'라고 썼다. 그리고 식탁 위를 빨간 촛불로 장식하고 나를 위해 준비한 선물을 포장해놓고 카드에는 사랑의 글을 적어놓았다. 결혼 후 첫 번째 발렌타인 데이를 맞이하기 위한 준비가 완료된 것이다. 이제 현관문이 열리고 키스와 포옹으로 나를 맞이하기만 하면 되었다. 그러나 바로 그 순간, 나는 로스엔젤레스의 다른 한편에서 내 머리 위로 불행의 구름이 몰려들고 있다는 사실조차 모른 채 나름대로 기쁨에 충만해 있었다.

저녁 8시가 되어 배가 고파진 나는 대학 구내식당에서 햄버거를 하나 주문했다. 식사를 마친 후에 내 차가 주차된 곳까지 어슬렁어슬렁 걸어가서 차를 타고 집으로 향했다. 그리고 평생 후회할 끔찍한 실수를 저지르고야 말았다. 오던 도중에 고속도로 근처에 살고 계시는 부모님께 들른 것이다. 어머니는 나를 반갑게 맞이하며 큰 조각의 애플파이를 주셨고 나는 그것으로 내 운명이 결정난 줄도 모르고 있었다.

내가 다시 자동차에 오른 것은 밤 10시 무렵이었는데, 그때서야 무언가 심상치 않은 느낌이 나를 사로잡았다(주로 이런 내 느낌은 잘 맞는 편이다). 집에 도착했는데 불은 꺼져 있었고 정적만이 감싸고 있었다. 그리고 식탁 위에는 다 식어빠진 음식이 아내가 제일 아끼는 그릇 위에서 나를 기다리고 있었다. 은 촛대 위에는 반쯤 타다 만 초가 차가운 어둠 속에 덩그러니 놓여 있었다. 오늘이 뭔가 아주 중요한 날인데 내가 잊어버린 것이 분명했다. 그런데 무슨 날이지? 바로 그 순간 식탁 위에 빨간색과 하얀색으로 장식한 센터피스가 내 눈에 들어왔다. 아이구, 맙소사! 나는 머리를 쳤다.

　어둠이 짙게 깔린 작은 거실에 나는 멍하니 서 있었다. 아내를 위해 발렌타인 카드는커녕 작은 선물 하나도 준비하지 못했다. 그날 온종일 머릿속에 낭만이라곤 그림자도 들이지 않았던 나로서는 식탁에 놓인 식어빠진 음식이라도 먹어야겠다는 시늉도 할 수 없었다. 잠시 몇 마디 한 후 눈물을 보인 셜리는 침실로 들어가서 이불을 머리끝까지 뒤집어쓰고 누워버렸다. 나의 무심함에 대해 누군가 진실되면서도 그럴싸한 변명을 가르쳐준다면 백만 원이라도 주고 싶은 심정이었다. 하지만 무슨 변명을 할 수 있겠는가. "도서관에서 오다가 부모님 댁에 들렀는데 애플파이를 주시더군. 너무 맛있어서 깜빡 했지 뭐야. 당신도 함께 가서 먹었더라면 좋았을 걸." 이런 변명 따위가 무슨 도움이 되었겠는가.

　다행히 셜리는 낭만적일 뿐만 아니라 용서할 줄 아는 사람이기도 했다. 우리는 그날 밤 늦게 나의 무심함에 대해 이야기를 나누었고 한 가지 사실을 깨닫게 되었다. 그 해 발렌타인 데이에 나는 큰 교훈을 하나 배웠고, 다시는 그 교훈을 잊지 않으리라고 결심했다. 내가 깨닫게 된 사실은 내 아내가 나와는 다른 사람이며, 특히 낭만적인 것에 관한 한 그 차이가 분명하다는 점이었다. 그래서 나는 머릿속에 그 프로그램을 입력하기 시작했다.

> 당신의 '불꽃'을 최선을 다해 돌보아야 할 필요가 있다.

친밀감이 충만한 결혼생활을 누리기 원한다면, 낭만적인 감각을 키우는 것은 필수적이다. 하지만 남편과 아내 사이의 낭만이란 보장하기가 어려운 법이다. 마치 바람 앞에 선 외로운 촛불처럼 흔들리다 꺼져버리기 십상이다. 그래서 발렌타인 데이뿐만 아니라 연중무휴로 최선을 다해 당신의 '불꽃'을 돌보아야 할 필요가 있다.

> "나의 사랑하는 자는 내게 속하였고
> 나는 그에게 속하였구나"

　로맨스, 즉 낭만이라는 단어는 각자에게 다른 이미지를 불러일으킬 것이다. 낭만적인 관계란 어떤 것인지에 대해서도 생각이 천차만별일 것이다. 여성들에게 있어서 로맨스란 배우자로부터 사랑받고 보호받으며 존중받고 있다고 느끼게 하는 그 무언가를 의미하는 경우가 많다. 특별히 바쁜 남자와 결혼한 아내들은 낭만적인 시간이 주는 흥분을 더욱 갈망하게 된다. 그들은 '사람들로 북적거리는 장소 저편에서 요술에 걸린 듯한 저녁 시간'을 갖게 되기를 간절히 원한다. 꽃과 찬사, 성적인 의미를 담지 않은 애정 어린 스킨십과 사랑의 카드 등이 그런 저녁을 장식하는 수순일 것이다. 집에서 가사를 돕는 것도 아내에게는 낭만적인 행위가 될 수 있다. 요리와 설거지, 아이들을 농구 연습에 데려다주는 일 등은 아내의 점수를 따기에 엄청나게 좋은 활동들이다.
　하지만 남자들에게 있어서 낭만이란 주로 감각의 영역에서만 존재한다. 남편들은 여전히 자신을 매력적으로 가꾸는 아내를 좋아한다. 또한 아내로부터 존경이나, 더 나아가서는 찬사를 받기 원한다. 자신의 의견이나 취미, 혹은 일에 아내가 진심으로 관심을 보여줄 때 기뻐한다.

낭만적인 사랑에 관한 최고의 표현은 아가서에서 찾아볼 수 있다. 다음과 같은 구절들은 친밀함과 감정적 흥분을 고스란히 담고 있는 것을 볼 수 있다. "나의 사랑하는 자는 내게 속하였고 나는 그에게 속하였구나"(2:16). "내 마음이 동하여서"(5:4). 다음 구절에서는 깊은 애정이 어떻게 욕망을 불러일으키며 서로를 향한 사랑을 온전하게 만들어주는지를 볼 수 있다. "내 사랑 너는 어여쁘고도 어여쁘다"(4:1). 우리는 여기서 낭만적이라는 것은 사랑의 대상을 추구하는 것이며, 그 대상이 우리를 피할 때면 애를 태우게 되는 것임을 알 수 있다. "내가 밤에 침상에서 마음에 사랑하는 자를 찾았구나 찾아도 발견치 못하였구나"(3:1). 또한 사랑을 공개적으로 드러내는 것이 낭만적인 사랑을 얼마나 강렬하게 상대방에게 전달할 수 있는지를 본다. "그가 나를 인도하여 잔칫집에 들어갔으니 그 사랑이 내 위에 기(旗)로구나"(2:4).

비록 낭만이라는 말은 사람마다 매우 다른 의미로 다가오겠지만, 대부분의 사람들에게 있어서 그 말은 누군가로부터 주목받고, 바라는 대상이 되며, 따르는 대상이 된다는 기분 좋은 느낌을 뜻하는 것이다. 그것은 사랑하는 사람에게 집중적인 관심의 대상이 된다는 것을 의미한다. 보통 대부분의 커플들은 연애하는 기간이나 최소한 신혼의 시기에 이러한 감정을 유지하게 된다. 하지만 세월이 쌓이고 의무와 책임이 늘어가면 그런 낭만적인 기분은 사라지기 시작하는 것이 일반적이다.

낭만의 부활

결혼식이 끝나고부터 며칠 후, 몇 주, 혹은 몇 달이 지나면 '로맨스'에 어떤 변화가 생기기 시작한다. 부부가 된 두 사람 사이에 낭만의 항해를 도와줄 바람이 사라지기 시작한다고나 할까. 항상 그런 것은 아니겠지만 대부분의 경우는 그렇게 된다.

이런 상태는 마치 예전에 나무배를 타고 다니던 시절의 선원들을 연상시킨다. 그 시대의 선원들에게는 해적, 폭풍, 질병 등

두려워할 대상이 많았다. 하지만 선원들이 가장 두려워한 것은 다름아닌 무풍지대였다. 무풍지대는 적도 부근의 바다에 위치한 지대로, 고요하고 거의 바람이 불지 않는 장소를 가리킨다. 이런 무풍지대를 만나게 된다는 것은 전 선원의 죽음을 의미하는 것이었다. 바람이 불어서 배가 다시금 움직여 항로를 되찾기를 기다리며 몇 날, 혹은 몇 주를 표류하는 동안에 배에 있던 식량과 물이 동이 날 수도 있기 때문이다.

한때는 재미있었고 사랑이 넘쳤던 결혼생활도 이러한 낭만의 무풍지대에 갇혀버리면 관계에 느리지만, 고통스러운 죽음이 찾아올 수도 있다. 하지만 그대로 앉아서 죽음을 기다릴 필요는 없다. 덕 필즈(Doug Fields)는 자신의 책 「창의적인 로맨스(Creative Romance)」에서 이렇게 말한다. "당신의 배우자와 데이트를 하며 낭만을 키워간다면 관계는 변화될 수 있다. 다시금 즐거움이 가득한 관계를 회복할 수 있다. 물론 정체된 결혼생활을 하루 아침에 되살릴 묘책은 없지만 갖은 변명거리들을 한 켠으로 제쳐놓고 배우자와 다시 데이트를 시작할 수는 있다."[7] 어쩌면 다시금 십대 시절로 돌아간 것처럼 생각해볼 수 있다. 이렇게 말이다.

잠시 동안 예전에 데이트하던 시절 상대에게 홀딱 빠졌던 순간을 상기해보라. 수줍은 체하던 태도, 장난기가 넘치던 순간, 상대방에 대한 환상들 그리고 상대방을 마치 쟁취해야 할 상처럼 느끼던 그 시절 말이다. 연애가 결혼이 되면 대부분의 사람들은 장난과 같은 태도는 그만 버리고 이제는 성장해야 한다고 느낀다. 하지만 우리 안에는 여전히 십대의 성향이 남아 있는지도 모른다.

어떤 의미로는 십대 시절에 느꼈던 성적인 매력이라는 특성은 우리가 생각하는 낭만적인 관계 속에 언제나 존재할 것이다. 어른이 된 후에도 우리는 여전히 구애로 인한 가슴 설렘, 쉽게 얻을 수 없는 것에 대한 매력, 새로운 것에 대한 흥분, 진부한 것에 대한 싫증 등을 똑같이 느낀다. 물론, 헌신을 다짐한 관계를 맺고 있을 때에는 미성숙한 충동심을 통제하고 최소화할 수 있겠지만, 그렇다고 해서 그 충동심이 완전히 사라져버린 것은 아니다.

당신의 결혼생활에 활력을 유지하는 데 이런 십대다운 낭만이 효과를 발휘할 수 있다. 부부 사이에 모든 것이 시들해질 때면 오래된 기술들을 되살려보는 것도 좋다. 침실로 모닝 커피를 대령하거나 우산을 함께 쓰고 산책해보는 것은 어떨까? 예전에 썼던 러브 레터들을 꺼내어 같이 읽어보거나 둘만의 하룻밤 여행을 떠나는 것은 어떨까? 바비큐에 감자를 구워먹거나 한 번도 해보지 않은 요리를 함께 만들어보는 것은? 낮에 갑자기 전화를 하거나 카드와 함께 장미꽃 한 송이를 바치는 것은 어떨까? 무풍지대에 다시 한 번 바람을 불러일으키는 방법은 셀 수 없이 많다.

앞서 나누었던 그 끔찍했던 우리의 첫 발렌타인 데이가 지난 몇 년 후에 아내와 나는 '추억의 장소들'이라고 부르기로 한 곳들을 찾아가보기로 했다. 어느 하루 시간을 통째로 내서 우리가 데이트를 하던 시절에 자주 산책을 다니던 시장을 찾아갔다. 거기서 우리가 제일 좋아하던 식당에서 한가롭게 점심을 먹고 오래전의 추억들을 나누었다. 그 다음에 우리가 두 번째 데이트를 했던 극장에서 연극을 관람하고, 연인들이 자주 가는 식당에서 체리파이를 먹으며 커피를 마셨다. 우리는 따스한 추억들에 대한 이야기를 나누었고, 처음 만났을 때 느꼈던 흥분을 다시금 느낄 수 있었다. 그날은 아름다운 추억의 부활을 경험한 날이었다.

또 한번은 내가 집을 2주간이나 떠나 있어야 했던 직후에 나는 아내를 위해 깜짝 선물을 계획했다. 아내에게 전화를 해서 곧 집으로 돌아가니 외식하러 나갈 준비를 하라고 말했다. 그런 다음 장모님께 전화를 걸어 그날 밤 아이들을 맡아달라는 부탁을 드리면서 아내에게는 아이들이 밤 늦게 집으로 돌아오는 것처럼 얘기해달라는 사족까지 달았다.

그날 저녁 외식을 하고 영화를 본 후에 나는 미리 예약을 해 두었던 호텔이 있는 해변가로 차를 몰았다. 차문을 열고 내리라고 말할 때까지도 셜리는 무슨 일인지 전혀 눈치채지 못하고 있었다. 그날 저녁은 우리 부부에게 여전히 가장 즐거운 추억 가운데 하나로 기억되고 있다. (이쯤 되면 발렌타인 데이로부터 내가 장족의 발전을 했다는 데에 당신도 동의할 것이다!)

두 사람만의 고유한 연애를 한껏 즐기라.

형편이 빠듯한 경우라 해도 두 사람이 함께할 수만 있다면 사랑의 감정에 다시 불을 지피는 것에는 문제가 없다. 필요한 것은 약간의 노력과 창의적인 아이디어가 전부다. 배우자와 대화를 통해서 어떻게 하면 결혼생활에 새로운 흥미와 흥분을 불러일으킬 수 있을지 나누어보라. 그리고 두 사람만의 고유한 연애를 한껏 즐기라.

남자를 사랑하는 법

최근 수십 년 동안 아내의 낭만적 욕구를 채워주어야 하는 남편의 책임을 강조하는 메시지들이 많아졌다. 그러한 진전은 마땅한 것이었다. 하지만 남편에게 사랑이 분명하게 전달되도록 하기 위해 아내는 어떻게 해야 하는 것일까? 한마디로 말하면, 아내는 남편의 자신감을 세워주어야 한다.

이에 관한 한, 내 친구인 E. V. 힐(Hill) 박사가 들려준 이야기는 내가 제일 좋아하는 실례 가운데 하나다. 열정적인 목회자인

힐 박사는 로스앤젤레스 시의 시온 산 침례교회의 담임 목사다. 몇 해 전에 그는 소중한 아내 제인(Jane)을 암으로 잃었다. 내가 들은 가장 감동적인 메시지 가운데 하나는 힐 박사가 그의 아내의 장례식장에서 한 연설이었다. 그는 '멋진 여인'인 아내가 자신을 얼마나 나은 사람으로 만들었는지에 관해 들려주었다.

고군분투하던 젊은 설교가였던 힐 박사는 한때 가족을 부양하는 것이 힘에 겨울 정도로 어려운 시절을 지나야 했다. 그러자 아내의 반대에도 불구하고 전 재산을 털어 주유소를 구입했다. 아내는 그에게 주유소를 잘 관리할 시간도 노하우도 없다고 생각했는데 그녀의 예상이 적중했다. 결국 그 주유소는 망했고 그는 빈털터리가 되었다.

한 젊은이의 삶에 절체절명의 순간이 닥친 것이다. 중요한 일에서 실패를 한 그에게 아내가 "그러게 내가 뭐라고 했어요?"라고 빈정거려도 그는 할 말이 없었다. 하지만 제인은 남편의 연약함을 간파하는 통찰력을 지닌 여성이었다. 그래서 그가 전화를 걸어와 주유소를 넘겼다고 말했을 때도 "괜찮아요"라고 짤막하게 답했을 뿐이다.

그날 밤 집으로 돌아온 힐 박사는 자신의 바보 같은 투자에 관해 아내의 질타가 쏟아지리라고 예상했다. 그러나 제인은 남편을 앞혀놓고 이렇게 말하는 것이 아닌가. "제가 계산을 좀 해봤어요. 당신은 담배도 안 피고 술도 안 마시잖아요. 그런데 만일 당신이 술과 담배를 한다고 치면, 아마 그 주유소 때문에 잃은 돈만큼 낭비하지 않았겠어요? 그러니 이렇게 낭비하나 저렇게 낭비하나 마찬가지예요. 우리 다 잊어버리기로 해요."

그 어려운 순간에 제인은 남편의 자신감을 산산조각 내버릴 수도 있었다. 사실 남성의 자아는 놀랄 만큼 약하다. 특히 실패하거나 당혹스러운 순간에는 더욱 그렇다. "여전히 당신을 믿어요"라는 아내의 말이 필요한 바로 그 순간, 그녀는 정확하게 그런 말을 해준 것이다.

주유소 사건이 있은 지 얼마 지나지 않은 어느 날 밤에 힐 박사가 집으로 돌아왔는데, 온 집안의 불이 다 꺼져 있었다. 현관문을 열고 들어선 그의 눈에 식탁 위에 놓여진 촛불이 들어왔다.

"이것이 대체 무슨 일인고?" 특유의 유머를 섞어 그가 물었다.

"글쎄요. 오늘 저녁에는 촛불 아래서 식사를 할까 해요." 아내의 답이었다.

힐 박사는 멋진 아이디어라고 생각하며 손을 씻으러 화장실로 갔다. 그런데 화장실에도 불이 켜지지 않는 것이었다. 벽을 더듬어 침실로 들어갔으나 침실도 불이 들어오지 않았다. 사방 천지가 다 어둠이었다. 그는 거실로 돌아가서 어째서 전기가 나갔는지 아내에게 물었다. 제인은 울기 시작했다.

"당신이 열심히 일했다는 거 알아요. 우리는 노력했잖아요." 제인이 말을 이었다. "하지만 너무 힘들었어요. 전기 요금을 낼 형편이 되지 않았는데 당신에게 알리고 싶지는 않았어요. 그래서 촛불을 켜고 식사를 하려고 했어요."

힐 박사는 감정에 복받쳐서 아내가 했던 말을 설명해주었다. "아내는 이렇게 말할 수도 있었어요. '결혼 전에는 이런 경험을 한 번도 한 적이 없었어요. 유복한 가정에서 자란 내게 전기가 끊기는 일 따위는 상상도 못한 일이에요.' 아내는 내 자신감을 부숴놓을 수도 있었고, 나를 망가뜨릴 수도, 내 사기를 완전히 꺾어버릴 수도 있었습니다. 하지만 대신 이렇게 말했어요. '어떻게든 다시 불을 켤 수 있을 거예요. 하지만 우리 오늘 밤은 촛불을 켜고 식사를 해요.'"

힐 박사의 아내 제인은 놀랍도록 지혜로운 여성이었다. 많은 재능과 장점들이 있었지만 남편 힐 박사를 격려하며 돕는 것이 자신의 역할임을 잘 알고 있었던 그녀에게 나는 큰 감동을 받았다. 힐 박사는 오늘날 영향력이 큰 기독교 지도자 가운데 한 명이다. 그런 그 역시 자신감을 세워주고 지켜주는 아내를 필요로 했다는 사실을 어느 누가 믿을 수 있을 것인가? 하지만 그것이 바로 남자다. 대부분의 남자들은 실상, 속으로는 아주 연약한 존재들이다. 특별히 막 세상에 나가는 젊은 청년 시절에는 더욱 그렇다. 그들도 다른 사람들과 마찬가지로 사랑이 필요하다.

사랑의 기술

남편과 아내가 진정한 친밀감을 누리게 되면 당연히 가장 깊은 차원의 사랑을 느끼고 싶다는 열망을 갖게 된다. 하나님의 선물인 성적인 친밀감을 누리는 것은 하나님이 만드신 바대로 부부가 깊은 사랑을 나누고 서로 이해하기 위한 최고의 방법 가운데 하나다.

혹자들은 '섹스를 하는 것'과 '사랑을 나누는 것'을 같은 의미로 사용하지만 둘 사이에는 중요한 차이점이 존재한다. 육체적인 성교를 하는 것은 동물의 왕국에서 적절한 암수의 짝 사이에서도 가능하다. 하지만 하나님이 의도하신 바대로 사랑을 나눈다는 것은 육체적인 성교보다 훨씬 더 깊은 의미를 갖고 있으며 더 복잡한 경험이다. 그것은 육체적, 정서적, 영적인 행위이기 때문이다. 결혼한 부부의 성적인 관계는 몸과 몸의 표현에서 그쳐서는 안 되며, 마음과 마음, 영혼과 영혼의 결합이 되어야만 한다. 두 사람이 '한 몸'을 이루는 이 친밀한 연합은 남편과 아내 사이의 상징이자, 진정으로 마음에서 우러나오는 낭만적 사랑의 열매이기 때문이다.

성적인 친밀감을 포함하여 깊은 낭만적 사랑의 이야기는 결혼이라는 깨뜨릴 수 없는 결합 안에서만 표현될 수 있다. 앞서 우리는 사랑에 대한 아가서의 표현들을 일부 읽었다. 아가서의 결론은 두 부부 사이의 결합에 대한 다음과 같은 아름다운 묘사로

끝이 난다. "사랑은 죽음같이 강하고 투기는 음부같이 잔혹하며 불같이 일어나니 그 기세가 여호와의 불과 같으니라"(8:6).

> 성적인 친밀감을 포함하여 깊은 낭만적 사랑의 이야기는 결혼이라는 깨뜨릴 수 없는 결합 안에서만 표현될 수 있다.

이처럼 불같이 일어나는 낭만적이고 성적인 친밀감을 내포한 사랑은 하룻밤 사이에 얻을 수 있는 것이 아니다. 그것은 결혼을 통한 결합이라는 과정을 통과하는 남녀 사이에서만 얻을 수 있는 것이다. 이 결합은 한 남자와 한 여자를 평생 동안 연결하며 서로에게 엄청나게 소중한 사람으로 만들어주는 정서적인 언약을 의미한다. 바로 그 특별함이 이 지상에 존재하는 수많은 다른 커플들로부터 단 두 사람을 구별해주는 것이다. 그것이 바로 하나님의 선물로 받는 친밀함이다.

결혼을 통해서 얻을 수 있는 이러한 결합은 어떻게 생기는 것일까? 데스먼드 모리스(Desmond Morris) 박사의 연구에 의하면, 이러한 결합이 생기기까지는 연애 기간과 신혼 기간 동안 체계적이면서도 점진적인 열두 단계를 거쳐야 한다고 한다. 그 단계는 시각적 연결에서 시작해서 다음 단계인 대화와 여러 단계의 가벼운 스킨십 단계를 거치게 된다. 그 후에는 마지막 네 단계를 거치게 되는데, 성교로 완성되는 그 단계는 지극히 성적이며 은밀하고 결혼을 위해 남겨두게 되는 영역이다.[8]

모리스 박사의 연구에 따르면, 남녀간의 관계가 최대한 잠재력을 발휘하려면 친밀감의 단계는 서서히 진행되어야만 한다. 두 사람이 서로를 깊이 사랑하며 평생에 걸친 헌신을 하게 되면 다른 사람들은 별로 중요하게 여기지 않는 사소한 부분에 대해서도 대단히 많은 것들을 쌓아나가게 된다. 아무도 모르는 둘만의 무수한 추억이 그것이다. 둘 사이의 각별함은 바로 그런 추억에서 시작된다. 이러한 단계가 선행되지 않는 가운데 성적인 관계로 들어가게 될 경우, 특히 여성은 이용당하고 성적으로 농락당했다는 느낌을 갖기 쉽다.

만일 이미 결혼을 했는데 혼전에 너무 빨리 육체적인 친밀감으로 진전했음을 후회한다면 첫 단계로 되돌아가라. 서로를 새롭게 재발견하기에 아직 늦지 않았다. 사랑하는 사람에게 가까이 다가가기에 가장 좋은 방법은 만지고, 이야기를 나누며, 손을 잡고, 서로의 눈을 그윽이 쳐다보며, 함께 추억을 만드는 것이다. 그것이야말로 싫증난 성 생활에 활력을 불어넣고 친밀감을 새롭게 하는 최고의 방법이 될 수 있다.

남녀간에는 생리적, 정서적으로 중대한 차이가 존재한다. 따라서 여성들의 성적 욕망은 이러한 관계적인 형태의 행동들로 자극이 된다는 것을 아는 남자는 특별히 지혜로운 사람이다. 자기 남편에게 친밀감을 느끼지 못하거나 남편이 자신을 한 인간으로 존중한다는 믿음이 없다면, 아내는 남편과의 성적 결합에서 즐거움을 느끼지 못할 수도 있다. 그러므로 아내의 정서적 필요를 위해 함께 시간을 보내고 관심을 표현하는 남편은 자신뿐만 아니라 자신의 아내가 성적인 만족을 느끼도록 해주는 데 큰 공헌을 하는 셈이다. 남편은 침실 안에서뿐만 아니라 침실 밖에서도 낭만적인 시간을 갖도록 노력해야 한다. 또한 피로야말로 아내에게는 성욕을 느끼지 못하게 하는 '억제제' 임을 알고, 아내가 정서적인 휴식을 취하고 육체적으로 회복할 수 있도록 도와주어야 한다. 아내의 자존감을 세워주기 위해 최선을 다하는 남편은 풍성한 보상을 받게 될 것이다. 자존감과 성적 자극에 반응하는 능력 사이에는 깊은 연관성이 있다. 그것은 아내의 자존감을 깎아내리는 남편의 어떤 행동이라도 침실 문제로 직결될 가능성이 높다는 것을 의미한다. 이와는 반대로 아내를 존중하고 긍정해주는 태도는 아내의 자신감을 키워주게 되고, 결국 보다 만족스러운 성 생활로 이어지는 것이다.[9] 하나님은 결혼이라는 제도를 만드시고, 남편과 아내 사이에 사랑을 표현하는 수단으로 육체적인 친밀감을 선물로 주셨다. 하나님이 의도한 바대로 결혼 관계 안에서 이루어지는 성 관계는 자녀를 얻기 위한 수단, 그 이상의 의미를 가진다. 상호간에 존경과 부드러움과 애정이 동반된 관계는 남편과 아내 사이에 존재하는 심오하고도 낭만적인 사랑의 궁극적인 표현인 것이다. 이는 또한 결혼을 유지시켜주는 접착제이기도 하다.

꽃, 애정 어린 편지, 침실에서 나누는 사랑, 혹은 그 모든 행동 등 낭만을 어떻게 정의하고 표현하든지 간에 결혼생활에서 진실하고 지속적인 친밀감을 성취하는 데 있어서 낭만은 대단히 중요한 요소다. 관계에서 낭만의 불꽃을 조심스럽게 키우고 지켜나간다면 평생에 걸쳐서 그 따스함을 누릴 수 있을 것이다.

낭만을 되살리라

- 당신에게 낭만이 의미하는 바가 무엇인지 적어보고 당신의 배우자에게도 물어보라. 그런 다음에 서로의 답을 비교해보라. 당신의 배우자가 내린 정의에 놀라게 될지도 모른다.

- 당신과 당신의 배우자가 가장 좋아하는 낭만적인 추억은 무엇인가? 어떻게 하면 그때의 감정을 되살릴 수 있겠는가? 새로 만들고 싶은 추억에는 어떤 것이 있는가? 향후 2달 동안 최소한 두 가지의 낭만적인 추억거리를 만들 수 있도록 계획을 세워보라.

- 친밀감에 이르는 열두 단계를 당신과 당신의 배우자는 얼마나 자주 가지는가? 그 열두 단계만을 위해서 온 종일, 혹은 저녁 시간, 혹은 주말을 따로 떼어놓으라. 그리고 둘만의 시간을 즐기는 동안 각각의 단계에 특별히 집중해보라.

마치는 글

　이 작은 책을 통해 우리는 결혼생활에서 누릴 수 있는 여러 양상의 친밀감에 대해 살펴보았다. 이제 배우자와 마음과 마음이 이어지는 관계가 얼마나 연약하고 복잡한지 더 잘 이해하게 되었기를 바란다. 또한 이 책을 읽는 동안 실제적이면서도 성경적인 조언과 구체적인 도움을 얻기를 기도드린다. 친밀감이란 쉽사리 얻어지거나 유지되는 것이 아니다. 그러나 내 개인적인 경험을 통해 자신 있게 말할 수 있는 것은, 자신의 '영혼의 동반자'와 친밀한 관계를 세워나가는 것은 이 땅에서 맛볼 수 있는 가장 만족스러운 경험 가운데 하나가 될 것이라는 사실이다. 그런 점에서 내 아내 셜리에게 나를 인도해주시고, 셜리를 내게 인도해주신 하나님께 영원토록 감사를 드린다.

이 책이 부디 당신에게 격려가 되었기를 바란다. 당신을 격려하고자 하는 바램을 담아, 나는 지난 44년 동안 우리 부부가 결혼생활을 통해 누려왔던 친밀감을 묘사하는 것으로 이 책을 끝내고자 한다. 이것은 오래전에 우리 부부가 참석했던 어느 결혼 세미나에서 내가 썼던 편지다. 그 주말에 우리 부부는 그동안 셜리가 한 번도 말로 표현하지 않았기 때문에 나는 존재하는지도 몰랐던 숨겨진 긴장의 원인을 하나 발견하게 되었다. 그것은 그 당시에 있었던 내 친척들의 일련의 죽음과 관계가 있었다. 죽음을 맞이한 여덟 명 가운데 남자가 무려 여섯 명이나 되었던 것이다. 내 아내는 남겨진 가족들이 가장 없이 어렵게 삶을 꾸려가는 것을 지켜보며 갑작스럽게 홀로 남겨지는 삶의 두려운 현실을 간접적으로 경험하게 된 것이다. 당시 아내와 나는 40대 중반이었기 때문에 아내는 내가 먼저 떠날 수도 있다는 생각으로 혼자 두려움에 떨며 우리의 삶이 어떻게 흘러갈지 알고 싶어했다. 또한 내 사랑하는 아내는 속으로 이런 질문도 하고 있었다. '우리 부부가 젊고 남편이 사회 경력을 세워나가려고 노력했을 당시에는 내가 남편에게 필요한 존재였다는 사실을 알아. 그렇지만 지금도 그럴까? 여전히 남편의 마음속에 나를 위한 특별한 자리가 마련되어 있을까?

    이러한 민감한 사항들은 일상의 바쁘고 정신없는 상황 속에서는 이야기할 수 있는 성질의 것이 아니다. 그런 질문들은 표현을 할 적절한 계기가 올 때까지는 마음속에 숨어 있기 마련이다. 우리 부부는 그 결혼 세미나 기간 동안에 그러한 질문과 맞닥뜨렸다. 그 주말 세미나가 시작될 무렵, 우리는 내가 먼저 죽을 가능성을 놓고 이야기를 나누었다. 그리고 마지막 날 아침에 내가 아내를 계속해서 사랑하는지라는 질문에 대한 대답을 해야 했다.

    마지막 날, 아내는 호텔방에 혼자 앉아 자신의 비밀스러운 걱정을 내게 편지로 쓰고 있었다. 우리는 한 번도 그 문제를 입 밖에 내어 말한 적이 없었기 때문에 바로 그 순간에 내가 다른 방에서 동일한 문제를 생각하고 있었던 것은 분명 하나님의 인도하심이었다고 확신한다. 그리고 우리가 만나서 남은 삶 동안 어떤 상황이 닥치더라도 서로를 향한 헌신이 변하지 않을 것임을 새롭게 다짐했을 때, 우리 부부는 살면서 가장 감정적인 순간 가운데 하나를 경험하게 되었다. 그 순간은 우리가 함께 보낸 21년간의 결혼생활의 하이라이트였다. 우리는 결코 그 순간을 잊지 못할 것이다.

비록 그날 내가 그녀에게 썼던 편지는 지극히 개인적인 내용이지만 그 잊을 수 없는 아침에 내가 쓴 편지의 일부로 이 책의 결론을 내리고 싶다. 그 글 가운데 좀더 친밀한 표현들은 제외하고 나와 내 신부를 '연합' 시켰던 부분들만 인용했다.

당신 외에 그 어느 누가 사랑의 주춧돌이 놓인 내 젊은 시절의 추억을 나와 함께 나눌 수 있겠소? 당신에게 묻겠소. 당신 외에 어느 누가 내 인생에서 오직 한 여인이 차지했던 자리를 대신할 수 있겠소? 대학을 졸업하고 군대에 갔다가 다시 남 캘리포니아 대학으로 돌아왔던 일, 비록 금방 망가뜨리긴 했지만 그럴듯한 첫 번째 자가용을 샀던 일, 적금을 깨어 산 싸구려 결혼반지를 끼고는 함께 하나님께 감사의 기도를 드렸던 일, 그 모든 것을 함께 나누었던 그 여인 말이오. 우리는 결혼 서약을 나누었고 우리 아버지는 이런 기도를 드렸었잖소. "주님, 당신은 우리의 두 자녀 지미와 셜리를 사랑으로 짧은 세월 동안 돌보고 사랑하고 소중히 여기라고 우리에게 맡겨주셨습니다. 그리고 오늘 밤 우리가 사랑의 수고로 키운 이 두 사람을 하나님께 돌려드립니다. 더 이상 두 사람이 아닌 한 몸으로 말입니다!" 그때 모든 사람이 울었던 것을 기억하오?

그리고 우리는 신혼여행을 떠나서 가진 돈을 다 쓰고는 달랑 쌀 한 자루와 머리맡에 종이 달린 침대가 있는 우리만의 아파트로 돌아왔었소. 부부로서 새 출발을 한 것이지. 당신은 2학년을 가르쳤고 나는 한 무리의 6학년을 맡아 아이들과 사랑에 빠졌지 않소. 특히 노버트(Nobert)라는 아이는 아직도 기억하고 있소. 석사 학위를 받고 박사 학위 종합 시험도 통과한 후에는 우리의 첫 번째 작은 집을 사서 수리를 했잖소. 마당에 있던 잔디를 다 파내어 큰 구덩이에 묻었는데, 나중에 그 구덩이가 가라앉아서 앞마당이 마치 두 개의 무덤을 판 것처럼 변해버렸던 것을 기억하오? 또 새 잔디를 심기 전에 흙을 뿌리다가 실수로 우리 나무에서 난 8백만 개나 되는 씨를 '심었던' 일도 기억하오? 2주가 지난 후 우리 집 앞뜰은 밀림으로 변할 뻔하지 않았소.

마치는 글 131

그리고 당신은 우리의 첫 아이를 낳았지. 우리는 그 아이를 끔찍하게 사랑했잖소. 이름을 다나에 앤(Danae Ann)이라고 짓고는 우리의 작은 집에 아기 방을 만들고 조금씩 가구를 채워나갔지. 그런 후에 내가 아동병원에서 일하기 시작했잖소. 그럭저럭 잘해나갔지만 여전히 대학 융자금을 비롯해 살림을 살기엔 부족한 월급이었지. 그래서 아끼던 차를 팔아야 했던 일을 기억하오? 그런 후에 박사 학위를 받았고 우리는 받은 것에 대해 하나님께 감사드리며 함께 울었잖소. 1970년에 아들이 태어나자 이름을 제임스 라이언(James Ryan)이라고 지었지. 그 아이를 끔찍히 사랑해서 6개월 동안 잠 못 이루는 밤을 견디어 냈잖소. 내 첫 번째 책이 출간되자 밀려드는 호평과 몇몇 악평에 우리는 정신을 못 차리기도 했었소. 얼마 되지는 않았지만 인세를 받고는 이게 왠 행운이냐 했었지. 그러고 나서 나는 남 캘로포니아 대학 의과 대학 교수가 되었고 꽤 잘 나갔잖소.

그러나 곧 한 무리의 신경외과 의사들이 심각한 얼굴로 당신에게 뇌종양 검사를 할 때 나는 헌팅턴 메모리얼 병원(Huntington Memorial Hospital)의 복도를 왔다 갔다 하는 신세가 될 수밖에 없없소. 나는 그때 내 가장 친한 친구와 평생을 함께하게 해달라고 하나님께 매달려 기도드렸다오. 마침내 하나님은 "일단, 그러렴" 하고 응답해주셨소. 우리는 하나님이 주신 것에 감사를 드리며 함께 울었잖소. 그리고 새 집을 샀는데, 사자마자 엉망진창으로 만들어놓았지. 그리고는 콜로라도 베일(Vail)로 스키 여행을 떠났던 일 생각나오? 당신 다리를 엉망으로 만드는 바람에 장모님이 나를 엉망으로 만들어놓으셨잖소. 또 우리 꼬맹이 라이언이 아카디아(Arcadia) 시 전체를 난장판으로 만들었던 것을 기억하오? 집 수리가 지지부진하자 당신은 토요일 밤마다 엉망진창인 거실 한가운데 서서 전혀 진전이 없다며 울곤 했었지. 그리고 그 끔찍한 난리통 중에 백 명의 친구들이 준비했던 깜짝 집들이 파티가 생각나오? 나무 조각과 진흙과 톱밥과 밥그릇과 음식들이 뒤엉킨 쑥대밭을 만들어놓고 가버린 다음날 아침에 당신이 신음하며 이렇게 말했잖소. "우리 진짜 이사온 것 맞아요?"

그리고 내가 「숨거나 찾으라(Hide or Seek)」는 제목의 책을 썼는데 다른 사람들은 모두 그 책을 「숨바꼭질(Hide and Seek)」이라고 불렀잖소. 그 책을 출판한 출판사에서는 선물로 우리에게 하와

이 여행을 보내주었지. 바다가 내려다보이는 발코니에 서서 우리가 받은 것에 감사하며 하나님께 기도를 드렸던 일도 기억하오? 그 다음에 출간한 책 「아내들은 무엇을 바라는가?(What Wives Wish)」가 사람들로부터 호평을 받아 난 유명해지기 시작했고 강연 요청도 쇄도했잖소.

그리고 당신이 위험한 수술을 받게 되었을 때, 나는 "하나님, 지금은 안 돼요!" 하며 매달렸다오. 의사가 "암은 아닙니다!"라고 말했을 때 우리는 받은 것에 대해 하나님께 감사를 드리며 함께 울었지. 그런 후에 나는 라디오 프로그램을 하나 시작했고 아동병원에서 휴직을 하고 아카디아 시에 〈Focus on the Family(포커스 온 더 패밀리)〉라는 작은 사무실을 열었잖소. 나중에 세 살 짜리 청취자가 혀 짧은 발음으로 'Poke us in the Family(가족을 콕콕 찌르기)'라고 말하는 바람에 더욱 유명해지게 되었잖소. 그리고 우리 가족들이 캔자스(Kansas) 시로 휴가를 떠났을 때, 마지막 날 우리 아버지가 "주님, 언제나 지금처럼 행복한 날만 계속되지 않으리라는 것을 압니다. 하지만 오늘 우리가 나누는 사랑으로 인해 주님께 감사드립니다"하고 기도드렸던 것 기억하오? 그로부터 한 달 후 아버지는 심장마비로 쓰러지셨고 12월에 사랑하는 친구였던 아버지께 나는 작별 인사를 고해야 했었지. 그런 나를 안아주며 "당신의 아픔이 내 아픔이에요!" 하던 당신의 말에 내가 "당신을 사랑하오!"라고 울면서 대답했던 것도 기억할 테지. 어머니를 모셔다 6주간 함께 지내며 상실감을 위로해드렸잖소. 그 해 우리 셋이서만 보냈던 크리스마스는 내 평생 가장 외로운 크리스마스였소. 아버지의 빈 의자와 빈자리를 볼 때마다 아버지의 빨간 스웨터와 아버지와 함께하던 도미노 게임, 사과, 어렵기만 했던 아버지의 책들, 언제나 아버지의 무릎을 독차지하던 벤지(Benji)라는 이름의 작은 개를 떠올렸었지. 하지만 삶은 계속되었소. 어머니는 어떻게든 스스로를 추스려보려고 노력했지만 실패하셨잖소. 몸무게가 7킬로그램이나 빠져서 캘리포니아로 이사를 가셨고, 아직도 아버지를 잃은 상실감에서 온전히 벗어나지는 못하신 것 같소.

연이어 책들이 출간되었고 내 명성도 높아져갔소. 우리는 더 유명해져서 영향력도 더 커졌소. 우리가 받은 것에 대해 하나님께 감사를 드렸잖소. 우리 딸이 십대가 되자 권위주의자였던 나는 내 자신이 십대를 양육하는 일에 얼마나 무능한지 깨닫게 되었소. 이 엄청난 자녀 양육의 책임을 잘 감당할 수 있도록 도와달라고 하나님께 간구할 수밖에 없었소. 하나님은 그 기도에 응답하셨고 우리는 지혜를 부어주신 하나님께 감사하는 기도를 드렸소.

그리고 닥스훈트 혈통의 씨기(Siggie)라고 불렸던 우리의 작은 애완견이 나이가 들고 이빨이 빠져 수의사에게 데리고 가야 했잖소. 15년간에 걸친 인간과 견공의 사랑은 눈물 속에 막을 내려야만 했었지. 그러나 곧 민디(Mindy)라는 이름의 강아지 한 마리가 다시 우리 집 현관문을 두드렸고 삶은 계속되었소. 텍사스 주의 샌안토니오(San Antonio)에서 우리 사역에 관한 방송이 시작되자 우리를 둘러싼 세상에 지각변동이 일어났고 우리는 졸지에 만인의 관심의 대상이 되었지. '가족을 콕콕 찌르기(Poke us in the Family)' 사역은 새로운 방향으로 확장되기 시작했소. 삶은 더 바쁘고 분주해졌고 시간은 점점 줄어들었지. 그 즈음에 누군가가 우리 부부를 주말 결혼 세미나에 초대했고, 그래서 나는 지금 이 글을 쓰고 있다오.

자, 당신에게 묻겠소! 내 삶에서 당신을 대신할 사람이 누가 있겠소? 당신이 내가 되고 내가 당신이 된 이 시점에 말이오. 우리는 결코 떨어질 수 없는 사람들이라오. 나는 이제 내 삶의 46퍼센트를 당신과 함께 보낸 셈인데, 당신 없이 지냈던 삶의 54퍼센트의 대부분은 기억조차 나질 않는다오! 앞서 내가 기록한 그 모든 경험들은 나와 함께 그 일들을 겪었던 당신 외에는 아무도 이해하지 못할 일들이오. 그 시절은 지나갔지만 그 추억들이 남긴 향기는 우리 마음속에 지금도 남아 있다오. 지난 21년간의 모든 사건들을 통해서 우리의 삶은 더욱 얽히고설켜서, 마침내 오늘 내가 당신을 향해 지닌 이 놀라운 사랑 속에 어우러졌다오.

군중 속에 섞여 있을지라도 내가 당신의 표정을 다 읽을 수 있는 것이 이상한 일이겠소? 당신의 미간이 조금이라도 찌푸려지는 것을 본다면 나는 당신의 마음속에 어떤 생각이 스쳐 지나가고 있는지 금방 알 수 있다오. 당신이 크리스마스 선물을 여는 순간, 나는 즉각적으로 당신이 그 선물의 색깔과 스타일을 좋아하는지 아닌지를 알아차릴 수 있다오. 왜냐하면 나는 당신의 감정을 손바닥 들여다보듯이 다 읽을 수 있기 때문이라오.

나의 아내여, 당신을 사랑하오. 내가 스스로를 믿기도 전에 나를 먼저 믿어주었던 그 소녀를 사랑하오. 엄청난 등록금과 책값, 에어컨도 없어 너무도 더웠던 아파트와 임대한 낡은 가구들, 휴가 없이 지내야 했던 바쁜 일상과 변변찮은 작은 차를 불평 한마디 하지 않고 참아주었던 그 여인을 사랑하오. 1960년 8월 27일 이후로 당신은 나와 함께하며 나를 격려해주었고 사랑해주었으며 지탱해주었다오. 당신은 우리 가정에서 내가 받아야 하는 것보다 훨씬 많은 것들을 내게 주었소.

내가 남은 삶을 살아야 하는 이유가 무엇이겠소? 그것은 바로 그 여정을 함께 갈 당신이 내 곁에 있기 때문이라오. 그렇지 않다면 그 여정을 갈 이유가 무엇이겠소? 앞으로 남은 우리의 인생은 지금까지 살아온 인생보다 더 힘들지도 모르겠소. 언젠가는 우리 어머니도 아버지를 따라 캔사스 주 얼래이더(Olathe)에 있는 바람 부는 언덕이 바라다보이는 곳에 묻히게 되겠지. 한때 아버지가 벤지와 함께 산책하며 그곳의 경치가 얼마나 아름다운지 녹음해 내게 들려주셨던 바로 그곳에 말이오. 그리고 장인 장모님께도 작별 인사를 고해야 할 날이 오겠지. 그분들과 함께했던 게임과

탁구 경기도, 창 던지기 게임도, 장인 어른의 웃음 소리도, 장모님의 맛있는 요리 솜씨도, 밑줄이 쳐진 생일 카드와 롱비치(Long Beach)의 작은 노란 집도 다 사라지지 않겠소? 내 마음은 전심으로 "안 돼!"라고 부르짖지만. "언제나 지금처럼 행복한 날만 계속되지 않으리라는 것을 압니다."라던 아버지의 마지막 기도는 정말 맞는 말이라오. 때가 되어 우리를 낳아주신 사랑하는 부모님이 이 땅을 떠나시면 우리의 어린 시절도 함께 우리 곁을 떠날 거요.

내 사랑하는 아내여, 그때가 되면 내게 위로와 위안이 되어줄 사람이 누구겠소? 내가 "정말 마음이 아파!"라고 말했을 때에 진정으로 내 아픔을 이해해줄 사람이 누구겠소? 여름 잎사귀에 단풍이 들며 낙엽이 되어 떨어질 때 그것을 함께 지켜볼 이가 누구겠소? 지나간 내 인생의 봄과 여름 태양의 따스함을 내가 얼마나 즐거워했는지 모른다오. 그 꽃들과 파란 잔디와 푸른 하늘과 맑은 시냇물을 나는 정말로 음미해왔었다오. 아, 그러나 이제는 가을이 다가오고 있소. 공기 속에서 묻어나는 가을의 차가움을 나는 벌써 느낄 수 있다오. 수평선 근처에서 다가오는 저만치 외로운 구름 한 점을 보지 않으려 나는 애쓴다오. 그리고 그 후에는 겨울이 있다는 사실을 직면해야 하겠지. 겨울이 되면 얼음과 진눈깨비와 눈발이 우리를 찌르겠지. 인생의 겨울이 지난 후에는 인생의 봄은 다시 오지 않을 거요. 하지만 그 대신에 영광의 삶이 올 거요. 내가 그 마지막 인생의 겨울을 사는 동안 누구와 함께 내 삶을 나누어야 하겠소?

당신 외에는 그 누구도 떠올릴 수 없다오. 우리가 지난 21년의 세월을 함께했듯이 내 사랑하는 사람, 그 이름도 사랑스러운 설리, 마음뿐만 아니라 자신의 모든 것을 내게 준 내 사랑하는 당신과 손에 손을 맞잡고 인생의 남은 계절을 함께하는 것만이 나의 유일한 기쁨이라오.

고맙소, 내 사랑. 이 길을 나와 함께 가주어서. 우리 이 길을 끝까지 갑시다. 둘이서 함께 말이오!

당신의 남편으로부터

함께할수록 행복한 결혼을 만들어주는 다섯 가지 기술

1. 그리스도가 중심이신 가정을 만들라
2. 헌신적인 사랑을 가꾸라
3. 변함없는 신뢰를 세워나가라
4. 이해를 구하라
5. 낭만을 되살리라

주

1. Divorce, Provisional 1998 data, National Center for Health Statistics. http://www.cdc.gov/nchs/fastats/divorce.html(accessed January 13, 2003).

2. Robertson McQuilkin, A Promise Kept(Wheaton, IL: Tyndale House Publishers, 1998), 19-23.

3. M. O. Vincent, "The Physician's Own Well-Being," Annals Royal College of Physicians and Surgeons of Canada 1981, vol. 14, 4, 277-281.

4. James Dobson, What Wives Wish Their Husbands Knew About Women(Wheaton, IL: Tyndale House Publishers, 1975), 78.

5. Gary Smalley and John Trent, The Language of Love(Pomona, CA: Focus on the Family Publishing, 1988).

6. Chuck and Barb Snyder, Incompatibility: Still Grounds for a Great Marriage(Sisters, OR: Multnomah Publishers, 1999).

7. Doug Fields, Creative Romance(Eugene OR: Harvest House Publishers, 1991), 15, as stated in James Dobson, Solid Answers(Wheaton, IL: Tyndale House Publishers, 1997), 557.

8. Desmond Morris, Intimate Behavior(New York: Random House, 1971).

9. Dobson, What Wives Wish Their Husbands Knew About Women, paraphrased from 116, 124-129.

부부를 위한 **행복 플러스**

1쇄 인쇄 / 2007년 2월 14일
1쇄 발행 / 2007년 2월 28일

지은이 / 제임스 답슨
옮긴이 / 박혜경
펴낸이 / 양승헌
펴낸곳 / 주)도서출판 디모데 〈파이디온선교회 출판 사역 기관〉

등록 / 2005년 6월 16일 제319-2005-24호
주소 / 서울 강남구 포이동 164-21번지 파이디온 빌딩
전화 / 영업부 031)908-0872
팩스 / 영업부 031)908-1765
홈페이지 / www.timothybook.com

값 7,500원
ISBN 89-388-1299-5
Copyright ⓒ 주)도서출판 디모데 2005 〈Printed in Korea〉